ONE HUNDRED MYSTERIOUS STORIES

人生をひらく 不思議な100物語

世にもめずらしい実話の
奇談家
大島ケンスケ

サンマーク出版

ようこそ、不思議な「実験」の場へ

この本は、「**ある仮説**」をもとに、作られました。

「**大量の不思議な話**」を読むことで……

意識を変容させ、**未知なる可能性**を広げ

人生をひらくことになるのではないか……と。

さて。あなたは、自分を変える覚悟はありますか？

では……さっそく**実験を始めましょう。**

はじめに
読みおわったとき、何が起こるのか？

サンマーク出版第3編集部　金子尚美

あなたは、いままでに「不思議な体験」をしたことがあるでしょうか？

この本は、著者である大島ケンスケさんが、実際に体験した不思議な話を100話、集めたものです。

しかし、「霊能者の不思議体験をお伝えして、楽しんでもらう」ことのみを目的に作られた本ではありません。

読んだ人に、人生を変える〝覚醒〟をうながす本を目指しました。

あなたは、**「百物語」**を知っていますか?

集まったメンバーが順番に「怖い話」をして、終わるたびにろうそくを消していき、最後の人の話が終わったとき、〝何か〟が現れる……そんな遊びです。

ちょっと怖いですね、明るい例を出しましょう。

「千羽鶴」は、よいことを招くといわれる鶴を、千羽(くらい多数)折り、紐《ひも》に通しまとめることで、**「瑞兆《ずいちょう》」になる**といわれています。

また、四国八十八箇所を巡拝する**「四国遍路」**や、**「三十三観音めぐり」**などは、**心願成就としても人気**です。

何が言いたいのかと申しますと……。

同じものを多数、またはある一定数集めると、「実現する」ということです。

同じよいものをある一定数集めたり、訪れたりすると、「よりよいことが実現する」。
こんなことが、昔から信じられてきました。

これは、ただの伝説でしょうか？　私はそうは思えませんでした。
習慣術でよく聞くこともヒントでした。
英語を聞いたり話したりする環境に身を置けば、しゃべれるようになる、おしゃれな人の集団と過ごすようになれば、自《おの》ずとおしゃれになっていく……。

大量の同種の情報を一定期間脳にインプットすることで、どこかで臨界点を迎え、意識が変わってしまう。

そんなことは、常にどこかで誰もが体験しているのではないでしょうか？

では、**常識では考えられない不思議な話を、大量に一気にお伝えすれば、どうなるのか？**　これをこの本で、ぜひ体感してほしいのです。

じつは、この仮説をもとに、著者である大島ケンスケさんと「不思議なお話会&不思議な瞑想《めいそう》会」というイベントを行いました。

ひとつ不思議な話をしていくごとに、キャンドルを消していき、キャンドルのすべてが消えた真っ暗な中で瞑想をするというものです。時間も限られていたので、「不思議な話」は20個もしなかったはずです。

しかし、**約7割の方から、「不思議な気持ちになった」「言葉では表せない気持ちになった」**と感想をいただきました。

さらに、瞑想の際に、青い光などを見る方も多くいらっしゃいました(実際に不思議な光を目で見た方も!)。

私は、いままで数多くのいわゆるスピリチュアル分野の本を編集してきました。

「見えない世界を知ることで、常識などの制限が外れ、新しい一歩を踏み出すきっかけにしてほしい」という思いで、本を編んでいます。

この本で、大量に未知なる現象を知っていただくことで、あなたの「常識ではこうだ」「ここまでが限界だ」という思い込みの枠が外れてほしい。**自由ですばらしい人生に向けて覚醒してほしい。**そんな思いでいます。

もちろん、不思議な話自体も、純粋に楽しんでいただけるものばかり集まっています。

さあ、これから、不思議で奇妙で、常識では考えられない……でも、**本当にあった話**が始まります。

この不思議な実話を読むことで、あなたの人生がよき方向に動きはじめることを祈っています。

CONTENTS

人生をひらく
不思議な100物語

2 不思議な「家族」の話

3 不思議な「体と感覚」の話

4 不思議な「パラレルワールド、過去、未来」の話

5 不思議な「覚醒体験」の話

6 不思議な「夢」の話

7 不思議な「オバケ？、ＵＦＯ……奇妙な存在」の話

8 不思議な「神仏」の話

ブックデザイン　和全(Studio Wazen)
イラスト　ウエツジショータロー
本文DTP　朝日メディアインターナショナル株式会社
編集協力　株式会社ぷれす
編集　金子尚美(サンマーク出版)

I

不思議な「龍、妖精、ユニコーン……聖なる存在」の話

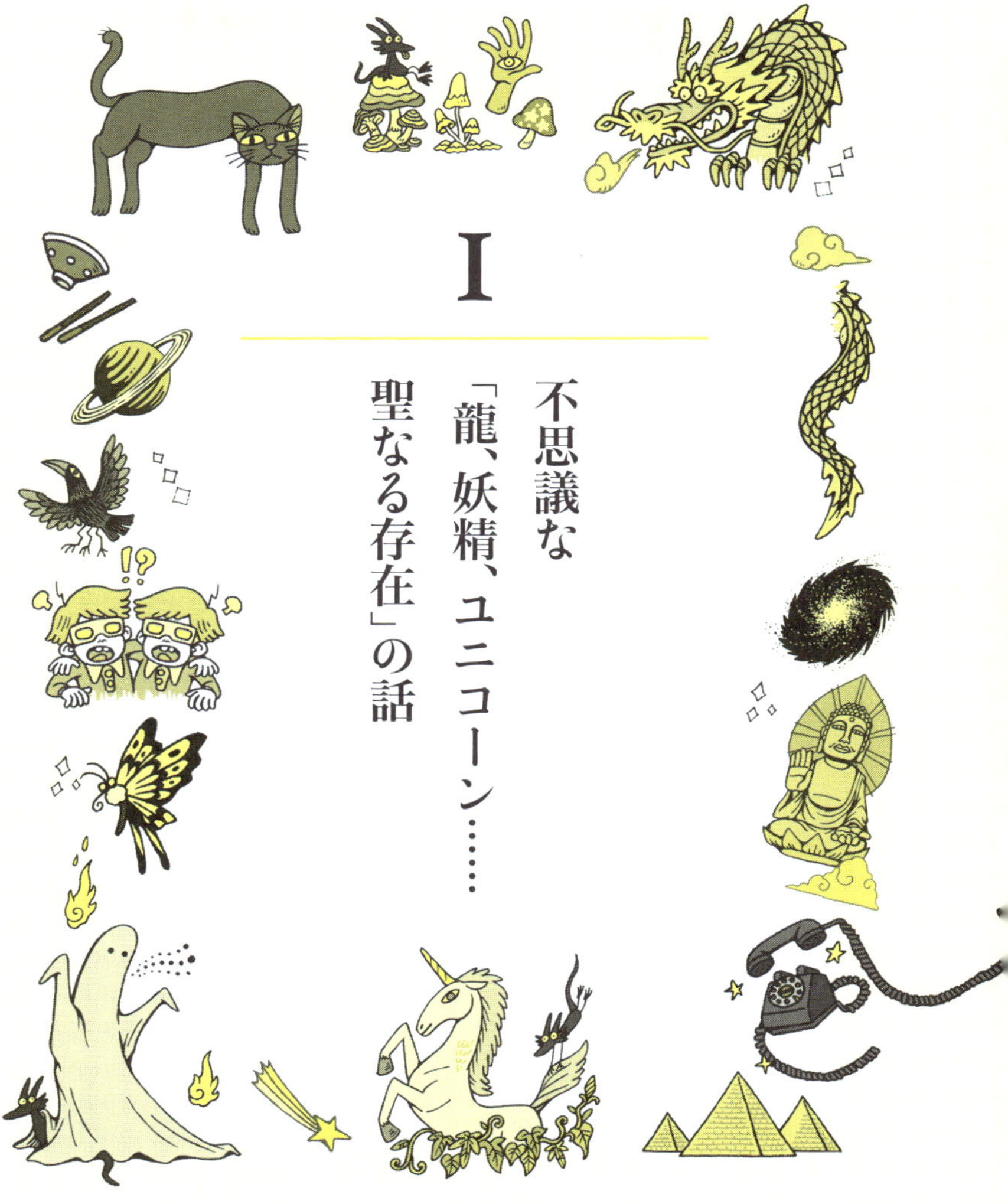

Episode I

諏訪湖の龍からの誘い

古来、「龍に乗る」という表現がある。

それは一種の「流れ」に乗るという意味だ。

昨今のスピリチュアルブームで、本屋のスピリチュアルコーナーに行くと、「龍」関連の書籍は目白押し。龍にはそれぞれの解釈があり、「龍と話せる」というスピリチュアリストも多い。しかしオレは基本的にそういう存在と「おしゃべり」するタイプではない。

しかし、「龍神」と呼ばれる存在から、声をかけられたことがある。

諏訪《すわ》湖で、友人と二人、瞑想《めいそう》をしたときだ。その友人は、目視で龍の姿を見ることができるという能力をもつ男性。

穏やかな諏訪湖の前で、静かな気持ちで目を閉じていた。

諏訪湖には龍神がいる。いや、めずらしいことではない。**大抵、大きな湖にはいつもいるものだし、じつは龍はどこにでもいる。**

瞑想中、心の中に突然言葉が響いた。

「**乗るか？**」

龍神からの声だとすぐにわかった。たった一言だった。

自分を守護する龍のように近い存在ほど、言語的コミュニケーションが取れるが、高次元な存在になるほど、言語によるやり取りは難しい。そんな龍神からの「乗るか？」というお誘い。

正直、怖かった。理由はわからないけど、いまの状況から大きな変化が起こるのははっきりと感じた。断ることもできる。しかし、断る理由はなかった。

「乗ります」

心の中で答えた。すると、それまで凪《な》いでいた湖だったが、突然波が立ち、水辺に打ち寄せた。

海ではないので、よほど強い風でもない限り、そんなことは起こらない。

もしかしたら、遊覧船が通ったかと思い、ちらりと目を開けて諏訪湖を眺めたが、遊覧船は船着場に停泊したまま。ただ、波だけが寄せては引いていた。瞑想が終わった後、

「いやー、すごかったね〜。龍さんがこっち来たね〜」

と、その友人は言った。彼も、龍神の存在ははっきりと感じていたようだ。

龍に乗る。それは、流れに乗る。

その後から、オレはそれまでやっていたワークショップを手放したり、新しいことを始めたり、ビジネススタイルも大きく変わった。人間関係もめまぐるしく変わった。

そして、いまもその流れはずっと続いている。

Episode

2 龍と龍神の正体

オレが目に見えないエネルギーを、はっきりと「体感」するようになったのは、24、5歳になった頃からだった。

人の肉体と重なるように、目には見えないがその人のオーラ……というか、別の〝何か〟があることがわかった。それは「エネルギー」としか呼びようがない。

そして、世の中には人がもつエネルギーだけでなく、その他にもいろいろなエネルギーがあることもわかった。

妖精のような高波動な霊体や、また人の残留思念のような低波動のエネルギー体があるのだ。

その中でも、明らかに意思をもった存在で、そのエネルギーに触れると、「らせんの渦」の流れをはっきりと感じるエネルギー体がある。

それが「龍」だ。

神社や寺、湖や川のようなところで、それを感じることが多い。稀《まれ》に、それはそのまま「風」となって、実際に空気を震わすこともある。

「どうやって感じるのか？」と言われても、言葉では言い表しにくい。

オレの場合は体感でしかない。実際に見えるとか、声が聞こえるということは、ほとんどない。

そう、ほとんどないのだが、稀に、そういうこともある。

自然界には、らせん構造のものは多い。植物や台風、竜巻……そして、人体の細胞の中にあるＤＮＡ、原子構造も一種のらせんだ。

だが、一般的にいわれる龍とは、**ただのらせんエネルギーの状態から、人間や、その他の存在（宇宙人？）により、〝意思〟を与えられ、その結果「龍」と呼ばれる存在に変わったようだ。**

面白いのが、同じようならせんエネルギーでも、意思を与える人間によっては、「天使」と呼ばれる存在になることもある。

西洋と東洋の違いなどもあるだろう。

しかし、これとは別に「龍神」という存在もいる。

エネルギーを感じ、読み取っていく中で感じたビジョンは、**龍神とは、かつて太古の昔に意思を与えられたエネルギー体。現代の歴史認識とは違う「超古代文明」や、地球外から来たものもある。**

古《いにしえ》から地球にいて、自然と一体化している強い波動の龍神も、そして龍自身も、ある意識をもっている。

その意識とはどうやら、「**人をサポートしたい**」ということのようだ。

日本なり、地球なり、宇宙なり、全体の環境をよりよくしたいようだ。その意識をあちこちで感じることがある。

ただ、龍や、天使、妖精と呼ばれる存在たちも、直接的に人間の世界に手を出して干渉をすることはない。あくまでも「サポート」なのだ。

その人の意志が、龍に見込まれた場合、サポートの対象となる。

Episode

3 高野山の大きな龍

家族で高野山に行ったときだった。

知人の勧めで、高野山で「先祖供養」を行い、そこから奥之院へ行った。

息子も、楽しそうにお焚《た》き上げの護摩木にお願い事を書いていた。

ちなみに、高野山の奥之院は、いまも弘法大師がいるとされている。橋を渡ると、そこはあの世の入り口。その雰囲気に大抵のものは圧倒され、自然と無口になる。

奥之院は行くだけで、何か不思議な感性や、眠っていた感覚が開花するような、そんな場所だと思う。

奥之院を参拝し、また長い参道を家族で歩いた。

参道に、歴史上の有名人や、著名人の墓が並ぶ。苔《こけ》むした大木と、古い墓石。怖い雰囲気はない。墓石すら、自然の一部と化しているような、とても不思議な雰囲気の

道だ。

そこをのんびりと、妻と息子と歩きながら、

「あ、〇〇のお墓だ」

などと、戦国武将の墓などを見て楽しんでいた。

妻は、写真を撮りながら、少し遅れて歩いていた。

妻の方に振り返り、息子と二人で参道にいる写真を撮ってもらった。そのとき、妻が突然こんなことを言った。

「あ、前に龍がいるよ？」

「え？」

オレは後ろを振り向き、腰を抜かしそうになった。

巨木の間を、その木と同じくらいの大きさの龍が、うねうねとしながら、空に昇っていくのだ。

龍としての姿が見えたのは一瞬だが、龍の長い体の形に空間が歪《ゆが》み、らせんを描きながら空に飛んでいった。

外で、あそこまではっきりと龍を見たのは初めてだった。

「見えたのか？」

妻に聞くと、「見えないよ。何となくそう思っただけ」とのこと。彼女は不思議な世界に理解はあるが、自身が何か直接的なことをするタイプではないし、見えるだの聞こえるだのはないそうだ。しかし、たまにこうやってオレを驚かせてくれる。

きっと、高野山の奥之院で、何か違った感覚が開いたのだろう。そんな、不思議な場所なのだ。

Episode
4 森の気配

森には、何かが、いる。
初めて、それに出会ったのは御岳《みたけ》山に行ったときだ。
東京都の西のはずれ。奥多摩と呼ばれる地域。

いまのようなパワースポットブームの前だったので、その時期は人もまばらだった。まだ結婚前の妻と二人で、ケーブルカーに乗り、深い森を何時間も歩いた。

誰もいない、深い深い森。

初めての体験だった。耳をすませると、風もないのに、木々や葉がざわめいていた。耳で聞こえているのではない。心で聴いているのだ。

あたりには、ひとっこひとりいない。大きな動物も見えなかった。

しかし、そこには「濃い気配」が満ち満ちているのだ。

一人とか二人とかではない、無数の気配が、森中に充満していて、オレたちのことを観察していた。

その気配をもつ存在たちは、確実に意思があった。

小さな存在一人ひとりにあり、同時に、それらは全体的なひとつの意識でもある。

なぜか、当時のオレはそれが瞬時にわかった。怖いくらいだった。

もちろん、怖い存在ではない。ただ、あまりの圧倒的な気配に、そう感じたのだ。

それからいつも、森に入ると、山に入ると、気配に耳をすませる。そして、気配を肌で感じるのだ。

わからないときも多い。人がたくさんいると、その気配は引っ込んでしまう。彼らはとても繊細で、どうやらあまり、人間のことが得意ではなさそうだ。

オレ一人で、森と向き合うとき、その気配は現れ、オレを包み込むが、一定の距離感は保っている。今後も、友好的でありたいと思う。

Episode 5 妖精

「妖精」と聞くと、『ピーター・パン』に出てくる「ティンカー・ベル」のような姿を想像する方が多いだろう。でもじつは世界には、さまざまな妖精がいるのだと、オレはあるとき気づいた。

妖精とは、なんらかの肉体をもたないエネルギー存在である。それを、肉体の眼球ではなく、第三の目と呼ばれる霊的な能力をもっていると見える場合がある。ただ、同じエネルギー存在でも、人によって見え方は違う。

そして、そのなんらかのエネルギーは大なり小なり、あらゆるところに存在しているが、その中でも際立ったパワフルさや、もしくは人間に対しての強い興味、関心をもっている存在が、古より「妖精」として、親しまれてきたのだ。


その存在にオレが初めて気づいたのは、練馬区で暮らしていた頃だ。

スピリチュアルなこととは距離を置き、当時のオレは『論語』などの東洋哲学を学び、現実的にストイックな生活をしていた。

春のある日。空き地一面に、雑草の花々が咲いている光景をふと目にしたときに、**その中のいくつかの花が、まるで暑い夏に見える「陽炎《かげろう》」のように、空間を歪めているのだ。**

肉眼では陽炎のようにしか見えないが、オレは感じることができた。それは意思をもち、人間に対してとても好意的で、愛らしい表現をしている。

「花の妖精だ」

直感的にわかった。オレが妖精の存在に気づくと、妖精は喜んでいるのがわかった。

向こうの言葉こそわからないが、こちらも「ありがとう」と心の中で話しかけるとさらに喜んだ。

心の中だけでなく、実際に声を出して「きれいなお花だね」と話しかけると、妖精は天に昇るような、うれしそうな、喜びのエネルギーを放っていた。

どうやら、オレのことが大好きなようだった。いや、人間全般のことが好きなんだろう。

それから、雑木林の中など、いたるところに、自然の妖精を見つけるようになった。

宮崎駿《はやお》監督の『もののけ姫』の「こだま」のような存在も、山の中にはたくさんいた。はっきりと見えるわけではない。**空間の「歪み」としてうっすらと見える**のだ。

それらすべての存在たちが人間に対して好意的で、興味をもっているとは限らないが、彼らの純粋でまっすぐな愛情と行為には、いつも癒やされるのである。

Episode 6
白龍神社にて「龍の国」を思い出す

ある日、とてもとても不思議な夢を見た。

しかし、見事にその夢の内容のすべてを忘れてしまっていた。

ただ、とても「美しい世界」の夢だったとだけ、ぼんやりと記憶していた。だが、オレはある場所で、それを思い出した。

その夢を見た数日後に、名古屋に用事があったついでに、「洲崎《すさき》神社」という神社へ一人で参拝した。

iPhone片手に、グーグルマップを見ながら、伏見の駅から歩いた。

洲崎神社参拝後、宿泊していた伏見駅近くのホテルへ戻るため、再びマップを見て戻ろうとした。しかし、その帰りは、なぜかグーグルマップが、来た道とは違うルートを示した。

オレはマップのままに歩くと、道すがらに「白龍神社」というマークを地図上に見つけた。せっかく通りかかるのも何かの縁だろうと、立ち寄ることにした。

さほど大きな神社ではないが、かなり迫力のある「氣」を充満させていた。

後から知ったが、パワースポット好きには有名な神社らしい。

そこで手を合わせたときに、「すとんっ」と、オレの世界が変わった。

何が変わったかというと、それまでは、「それを知らなかった世界」であり、すとんっとなった後は「それを知っている世界」だった。

オレは、龍の国のことを思い出した。

あの日、夢で見た世界だった……。

オレは青い龍だった。大きな体をもち、傷つき、疲れていた。

だからその龍の国へ行き、オレは傷ついた体を、そして、疲れた心を癒やしに行っていたのだ。

グーグルマップも、粋なことをするもんだ。オレにそれを思い出させるために、あえて来た道と違うルートを示すなんて。

デジタルツールだって、神の意思と繋《つな》がっているのだ。

Episode

7 魂を癒やす「龍の国」

「白龍神社」で思い出した龍の国。

そこは、もしも言葉にするのなら、「美しい」と表現するしかない。

人の作り出す、アーティスティックな「美」とは違う、自然が織り成す、圧倒的な「調和」だった。

そこはどうやら地球ではない、別の惑星だった。その星には山があり、川があり、豊かな森があった。

花が一面に咲き乱れていた。海もあったが、地球ほど水に覆われているわけではなく、多くは美しい山河で形成されていた。そしてそれらは混沌《こんとん》と配置されているのだが、すべては完全に調和し、繊細さと力強さを完璧に併せもった「美」の姿だった。

森の色は、地球で見るような「緑」ではなく、水の色もただの「青」ではない。

おそらくその星では、我々が地球上で視覚認識できる7色の波長よりも、もっと広い範囲で「色」を捉えているようだった。

それを自覚して、こうして説明しているのはあくまでも「オレ」なので、地球に住む、地球人の体と感覚で生きるオレには、その色合いをなんと表現していいのかわからない。地球にはない色彩だから、名前はつけられない。あえていうのならば、すべてが「深い」のだ。空の色も、川の色も、深みがあるのだ。

オレは大きな龍だった。紺に近い色の、青い体だった。

オレはとても傷つき、疲れていたが、その世界はとても心地よく、いるだけでオレの心身は癒やされた。

どこまでも続く山々。もちろん、電信柱とか鉄塔とかはない。人間が作ったものは何ひとつない。不自然なものはない。純粋な「自然物」のみの星だ。そして、その自然物は、先ほど述べたように、完璧な美しさで配列され、調和している。

しかし、その世界の驚くべきところはそこではない。

すべての意識が繫がっているのだ。

草木、一本ずつに意思がある。その意思は、意思をもつ者すべてに共有されている。

わかるだろうか？

オレ（龍）の思考や感覚を、目の前の木は知っている。

草一本に至るまで、それを知っている。そして、オレもまた、草木一本ずつの感覚や思考を、すべて把握している。

大きな大きな意思により、それらはすべてが共有され、すべてが同時に認識されている。我々、地球に住む者の脳とか、思考とか、認識というレベルでは、到底理解不可能な感覚だが、そこではそれが「普通」のことだった。

それが「繋がっている」ということであり、すべてが「ひとつ」ということ。


花が歌い出した。

本当に、花が、声を出して歌うのだ。もちろん、花の意思はオレの意思でもあるので、花がこのタイミングでその歌を歌うことを、オレは知っていた。

星中に咲き乱れる花々が、一斉に、ひとつの歌を歌い出した。

美しい歌だった。詩とメロディーがあり、ハーモニーがあった。しかし残念ながら、あまりに美しすぎるその旋律は、思い出せない。でも、仮に思い出せたとしても、地球上では現段階では表現できないし、受け取る方も、いまの鼓膜や脳の仕組みでは、その美しさを認識できない気がする。

花が歌うと、風が舞った。風にも「意思」があった。空気、空間にも意思があり、風となって踊るのだ。

風が舞い、龍（オレ）が踊る。空の上で、肢体をくねらせて、歌に合わせて踊る。

どんどん元気になる。オレは気持ちよく、川に飛び込む。

そして、また宙を舞い、大地を跳ねる。大地を跳ねながら踊ると、木の枝が折れて、草花が大量に、オレに踏み潰される。

命が次々と、死んでいく。**しかし、そこではすべてが繋がり、共有されているので、オレが殺しながら、オレは殺される存在だった。**

しかし、その「死」というのは、我々の思い描く「死」とはまったく意味合いが違った。死とは、エネルギーが形を変えることであり、そこには何の悲哀も痛みもないのだ。命はまた、形を変えて、この世界を彩るだけ。その循環が、当たり前のように行われているだけだった。

オレはその国で、たくさん遊び、とても元気になって、踊り、空を飛び……。

そして気がつくとオレはまたこの地球にいて、この肉体として生きていた。

それは、オレがこの地球上では「睡眠」をとっている間に行われたことだった。

ひょっとしてオレたちがこの世界で眠るとき、魂は遠く遠く、遥《はる》か時空を超えた故郷で、疲れを癒やしているのかもしれない。

Episode
8 不思議な光の粒子
～八ヶ岳で学んだこと1

八ヶ岳はよく登る。麓に住んでいるので、近いのが一番の理由だが、とても肌に合うのだ。２０１４年から15年は、近隣の山々を登りまくったが、不思議と八ヶ岳だとあまり疲れなかった。
八ヶ岳は、ひとつの山ではなくて連峰の総称。主峰の２８９９メートルの赤岳を筆頭に、天空に近い山々が連なっている。

ある夏の日、八ヶ岳連峰のひとつ「阿弥陀岳《あみだ》」へ登った。朝起きたらよく晴れていて、なんの予定もなかったので、意気込んで登ったのだ。阿弥陀岳は、主峰の赤岳の隣にある、標高2805メートルの山。人気のある赤岳より、鎖などの整備も甘く、難易度が高いので、好んで登る人は少ない。オレは美濃戸口という登山ルートからコツコツと歩き、3、4時間ほどかけて、山頂付近にたどり着いた。

しかし、山頂目前になると、どんどん頭上に雲が立ち込めてきた。暗雲立ち込めるとまではいわないが、濃い霧の中、急斜面の岩場を鎖につかまりながら登った。

山の天気は変わりやすいものだが、あんなに一瞬で雲が集まったのは初めてだったし、あの後にも見たことがない。

山頂にたどり着くと、そこは真っ白な世界。

濃い霧の中、完全に「雲の中」だ。

山頂には山岳信仰の名残として、古い時代の阿弥陀像がある。オレはそこに手を合わせてから、手頃な岩に腰かけ、その真っ白い景色の中でぼんやりしていた。一度、大学生の数人が来たが、彼らはすぐに降りていった。その後は誰も登ってくることなく、オレは一人、山頂で休憩していた。

それにしても、見事な真っ白。何も見えない。向こう10メートルも怪しいくらい、濃いガスの中。でも、雨が降るような雲ではない。景色は見られないとはいえ、なんだかんだで気分はよかった。３０００メートル級の山の頂にいるのだ。空気も違うし、頭も体も、いい感じに空っぽな感じになる。その感覚がたまらない。

だんだんとオレの目に、不思議なものが見えてきた。

それはまるで、太陽の光に照らされ部屋に舞うホコリくらいの大きさの「光の粒子」だった。

細かい光の小さな、小さな粒子が、白い空間に満ちあふれていた。

それは回転しながら、一瞬で生まれては消えていく。回るときに、角度によって7色に反射するので、それはそれは美しいものだった。

生成と消滅。光の渦のスペクタクル。

意識すればするほど、その密度は増して、あたり一帯が、すべてその光の粒子で包まれた。神秘としかいいようがなく、オレはただ圧倒され、その光の粒子に魅了されていた。

八ヶ岳は古来、修験道者たちが、自らの神性に出会うための場とした聖山のひとつ。

それも、いまいる場所は名前の通り「阿弥陀」と名づけられた山。

――さすが八ヶ岳だ！

特別な山として、とっさにそう思うのも無理はない。しかし、オレがそう思ったのとほぼ同時に、声が聞こえたのだ……。

Episode

9 不思議な「声」が教えてくれたこと

～八ヶ岳で学んだこと2

この「声」は、本当に、耳で聞き取れる音声だった。
オレは、自身のハイヤーセルフや高次元の存在やら、さまざまな存在からメッセージを受け取るが、基本それは「音」として認識はできない。うまく説明できないが、エネルギーとして感覚的にダウンロードし、それを翻訳するような感じだ。

しかし、このときはいつもとは違ったのだ。「さすが八ヶ岳だ！」と思ったと、ほぼ同時にはっきりと、こう聞こえた。

「コレどこにでもあっから！」

びっくりして、思わずあたりを見回した。

「これは、どこにでもあるものだ」ということを、思いっきりぶっきら棒に言い放った声だった。それも、ものすごく適当な口調と声色で。

同時に、エネルギーもドカンと降りてきた。エネルギーとは、ある種の「情報」だと思ってもらっていい。オレというハードウェアに、情報がダウンロードされるのだ。

その情報は、うまく扱えなかったり、理解できなかったりすることも多いのだが、このときはすぐに情報を読み取れた。

声の正体は、高次な存在、もしくは、自分の「真我」と呼ばれる部分からのメッセージ。当時はいまほど繊細な感度はなかったので、かなり驚いた。

情報の内容は、いま見えている光の粒子について。

この光は、特別な場所での特別なものではなく、どこにでもあるもの。

街の中も、山手線の車内も、新宿公園の公衆トイレの中も、すべてこれで埋め尽く

ヨイショッ
景色を見るのが目的じゃないけど
すごい霧だ
でも気分はいいな……
あ!!
細かい光の小さな粒子が白い空間に満ちあふれていた
パアー
さすが八ヶ岳だ……
コレどこにでもあっから!!

されている。そして、この岩も、土も、自分の体も、金属も、プラスチックも、すべてが「それ」でできている……という情報だった。

こうして文章に書くと、ただの文字情報に過ぎないが、それを「体感」として受け取るのがエネルギーの世界。オレは衝撃を受けると共に、いままでしていた大きな大きな思い込みから解放された。

オレは、目に見えないエネルギーを感知し、体感に落とし込むことは得意だった。もともと霊感のようなものがあるせいもあるが、それはさんざん、自分の肉体感覚と向き合ったのと、ヒーリングを習ったり、坐禅《ざぜん》をしたりしたおかげだ。でも、エネルギーに敏感なオレには、ひとつ困ったことがあった。

それが「邪気」だ。人の「念」などもそうだ。いわゆる「もらう」「憑《つ》かれる」ということがよく起きた。

人混みを歩くだけでどっと疲れたし、縁結びで有名な神社に人の多い日に行くと、ご利益に群がる女性の「執着の念」で、体が重くなり、気分が悪くなった。

また、腰の痛い人が近くにいるだけで、オレの腰も痛くなり、腰痛もちになる。風邪気味の人が近くにいると、同じように咳《せき》やくしゃみが出て苦しんだ。

あるとき、突然胸が苦しくなり、話している人にそれとなく聞いてみると、その人は心臓ペースメーカーが入っているとのことだった。おかげで2、3日、胸が痛く、動悸《どうき》が収まらなかった。

しかし、阿弥陀岳山頂で、オレはそれが「勘違い」だと気づけたのだ。

世界は、すべてこの光のエネルギーでできていた。

この宇宙は、「たったひとつのエネルギー」でできていた。この光には、よいエネルギーも、悪いエネルギーもないのだ。

それを、よいものにしたり、悪いものにしたりしているのは、他の誰でもない。自分自身の意識だった。

いつだか、恐怖の周波数のチャンネルに意識を合わせて、残留思念を見て苦しんだことがあるが（Episode 74）、まさしく「悪いエネルギー」という周波数に自分がチャンネルを合わせていただけだったのだ。

周波数帯にも、大まかな括《くく》りがある。それが「ジャッジ」の周波数だった。

つまり、オレはずっと「二元論」の周波数の枠にいたのだ。

よい、悪い。正しい、間違い。

美しい、醜い。聖なるもの、邪なるもの。

すべてを相対的に分けて、その中で自分に都合のよいものだけを選択しようとしていたのだ。

世界は陰陽の法則なので、一方を認めて、一方を認めない、ということはできない。光を認めるなら、闇も認めないとならない。

多くの人が、闇とか、陰の存在を避けたがる。受け入れない。しかしそれにより、陽の存在、つまり、自分自身の「光」を、世界に現すことを、自分自身で止めてしまっていることがあるのだ。

しかし、オレは根源的なエネルギーの法則に出会い、そのジャッジの周波数から、意識の大部分が抜けられたような気がする。それ以来、オレにとって「悪いエネルギー」とか「悪い気」というものはなくなった。人混みを歩いたり、長い時間電車で人が隣に座っていたりしても、影響を受けなくなった。

もちろん、スピリチュアルを生業《なりわい》にしているので、対面でのリーディングで、相手のエネルギーを読むことはたくさんある。しかし、「ああ、膝が痛いんですね」とか

「心配事が多くて胸が苦しいのですね」というように、それを把握するけど、けっしてその思念がこちらの状態になることはなくなった。

もしも、かつてのオレのような「敏感体質」でお悩みの方がいたら、このことを知っておくといい。エネルギーの本質をわかっていれば、**怖いエネルギーや、悪いエネルギー、害をなすエネルギーなんてないと知るだろう。**

すべては、ただのエネルギーなのだ。あなた自身も、純粋なエネルギーだ。ジャッジする心を手放すと、とても世界は自由になるのだ。

Episode

10 洞爺湖で見た大天狗

洞爺《とうや》湖の中心部、中之島へ行ったときだ。

船着場から降りて、向かって左側に、いくつか小さな神社が並んでいる。その隣に、御神木のような、立派な木がある。

以前来たとき、「芳香現象」(Episode 39)があったのもその木の付近だった。その木があまりに心地よく、印象にあった。

このときはスピリチュアルのリトリートツアーだったので、十数人のメンバーがいた。仲間と会話をし、何かと気を取られながらも、何気なくその木の上を見た。

すると、一瞬だがはっきりと、長く大きい鼻をもった、昔の山伏とか、修行僧のような服装の巨体が見えた。髪の毛やヒゲが白く、赤ら顔で、年齢的には老人なのだろうか?

木の枝の上に、あぐらをかくように座り、オレのことを見下ろしていたのだ。

――天狗《てんぐ》!

思った瞬間に、その姿は消えたが、オレには残像がはっきり残っていた。

そのときは「洞爺湖には大天狗がいるのだろう」とただそう思った。実際、何か啓示を受けたとか、ビジョンがあったわけではない。

しかし、その数か月後だ。三重県にある、椿《つばき》大神社に参拝したとき。

椿大神社は、道拓《ひら》きの神「猿田彦大神《さるたひこのおおかみ》」を祀《まつ》る大きな神社で、経営の神様と呼ば

れる松下幸之助さんも、とても大事にしていた神社だ。その神社の参道入ってすぐの、猿田彦大神と、妻である天鈿女命《あめのうずめのみこと》が描かれた、大きな看板を目にして絶句した。

あの日洞爺湖で見た大天狗と、その看板の絵に描かれた猿田彦大神が、何から何まで同じ姿だったのだ。強いていえば、オレが洞爺湖で見た姿は座っていたこと。神社の絵は立ち姿で、杖《つえ》のようなものを持っている。

いったい、どういうことだ？

考えても、わからない。何か感じ取れるかと、参拝の間も神経を研ぎ澄ませていたし、なんらかのサインやシンクロニシティが起きるかと目を光らせていたのだが、特に何も起きなかった。

大きな体をした、まさしく大天狗の猿田彦大神。たまたま、オレがその姿を目にしただけなのか、意図的に、オレの前に姿を一瞬現したのか。

道拓きの神と呼ばれているので、きっとオレの道が拓かれた、そう思うことにしている。

Episode II 闇の龍

信州安曇野《あずみの》。雄大な北アルプスの麓。

オレは東京に住んでいた頃に、家族で安曇野と松本に旅行に行ったときに、唐突に「よし！　田舎暮らしをしよう」と決めた。初めて来たときから、移住を決意させてしまうほど、懐かしさを感じる土地なのだ。

北アルプスの名峰へと続く登山道へ向かう途中に「有明山神社」という神社がある。この日は平日で、息子が学校に行っている間に、妻と二人で安曇野へやってきた。車で1時間弱。

誰もおらず、とても清々《すがすが》しい気分だった。

オレはいつもそうするのだが、誰もいない神社で瞑想するのが大好きだ。

妻と境内でくつろぎながら、オレは一人で本殿の階段に腰かけ瞑想にふけっていた。

天気もよく、初夏だったが、木陰に優しく吹く風は、濃い緑の葉の涼しげな音を鳴らしながら吹いていた。

とても爽やかな気持ちだった。

しかし、何か、言葉が聞こえた。大地の深いところから、その声は発せられている。ときどき、土地の古い神から、なんらかの繋がりを得ることがあるが、こうして言葉があるのはめずらしい。オレはラジオのチューニングを合わせるように、その存在に意識を合わせた。

龍、と感じた。大きならせんのうねりを感じたからだ。きっとなんらかの龍神なのだろう。しかし色がない。普通は色があるのだ。

無色透明でもない。闇、なのだ。黒とは違う。黒龍はいる。よく、大地の下に感じる。しかし、黒ではなく、闇なのだ。

オレがそれに気づくと、「闇の龍」と、言葉で送ってきた。

何度も、自分自身の意識体の一部ではないかと波長を変えるなどしたが、どうやら自分の意識とは違う、もっと広域なエネルギーをもつ存在のようだった。

「**闇を知ることだ**」

闇の龍は言う。言葉だけではなく、次々とビジョンも送ってくる。それによると、この世界は「陰陽」の法則なので、常に「闇」の領域がある。しかし、我々には「光」しか見えないし、理解できない。

闇を見ずして、光は知らず。**闇を「見たくない」と、否定することは、同時に「光」も否定することになる。結果、光の少ない人生を選択している。**

「闇を使え」

どうやら、オレに「闇のエネルギー」を知り、それを使えと言っている。そのエネルギーを感じてみると、そこにはネガティブなものもたくさん含まれていた。怒り、憎しみ、嫉妬……。

『スター・ウォーズ』の「ダークサイド」と呼ばれるエネルギーだと思った。禅の世界でも「魔境」と呼ばれる境地がある。確かに、この闇をしっかり包括してこそ、光がある。陰陽のバランスとして、中庸の状態こそが、もっとも統合された宇宙の在り方。しかし、このエネルギーは、扱うのが怖い。

そう感じたときに聞こえた。

「このエネルギーを使いこなせず、闇に堕《お》ちていく者も多数いた」

「使いこなせず……？」

言葉の後に、イメージが送られてきた。それは、高い意識レベルまで上りつめたはずのある能力者が、強い闇のエネルギーに飲まれ、自身はもちろん、人を巻き込み、災いをもたらす……。そんなビジョンだ。

強い光を放つほど、濃い影を落とす。だから**人は強い光を手にしても、何かの拍子に闇にとらわれることもある。**歴史上でも、あまりに人道を外れたような事件を起こすような人間は、このダークサイドのエネルギーが反転し、ネガティブなものが現実化した姿なのだ。

「闇を知り、闇を踏まえ、闇を包み、闇と共に、光を伝える」

自分の中に、大きな塊が、インストールされたような感覚があった。

闇と共に、光の世界を生きる……。

数日後に、以前諏訪湖で一緒に瞑想した友人の男性に霊視（龍視）してもらったら、「艶のない黒……そんなエネルギーの龍を感じる」と言われた。

人として、道を踏み外さないためにも、こうして書き記しておこう。

Episode

12 ユニコーン

龍とか鳳凰《ほうおう》のように、伝説上の生き物というのがいる。龍は日本人にとって身近な存在だろうし、オレにとっても、とても縁深い存在だ。

他にも、和洋問わず、いろいろといるわけだが、じつは「ユニコーン」という存在も、少々心当たりがある。

アメリカのセドナに行ったときだ。スピリチュアル系のリトリート中で、オレも参加者の一人として、セドナの聖地を巡っていた。

車に乗っていたときだ。ふと、車内の窓から空を見上げた。

太陽のすぐ横にある雲の形を見て驚いた。なぜならその雲ははっきりと、絵に描いたようなユニコーンの姿だったからだ。

馬が、駆けている姿を横から見た状態。そして、額のあたりからツノが一本。

その形は、どう見ても完璧なユニコーンだった。

龍のような形の雲を「龍雲」と呼ぶが、誰が見ても「龍」と思えるような雲はまずない。しかし、このユニコーンは、誰がどう見ても、ユニコーンにしか見えないだろうと思った。

とっさに、隣に座っていた同じ参加者の女性に声をかけた。

「ねえ！　あれ見て！　ユニコーンだよ！」

「えー？　まぶしくて見えないよー」

「ほら？　あそこだよ？　太陽のところ」

言ってから気づいた。そうだ。オレはサングラス越しだから見えていたのだ。

カリフォルニアの日差しは強く、濃いサングラスを常時かけていたのだ。

確かに、サングラスを外すと、強烈な太陽の光しか見えない。

「サングラスだ！　サングラス越しなら見える」

そう言ったときには、雲はすでにバラバラになり、残念ながらユニコーンどころか、馬にもツノにも見えなかった。当然、それを見た女性は「ふーん」と、微妙な反応だった。実際、オレ一人しか見ていないので、何の証拠もないが、**オレはその日から**

「ユニコーン」はいると確信した。

なんと、その後ユニコーンに関する本が出版されていたり、翌年（２０２０年）の大河ドラマタイトルが『麒麟《きりん》がくる』という明智光秀《あけちみつひで》の物語に決まったり（東洋でいう「麒麟」もユニコーンの仲間なのだそうだ）と、目にする機会が増えた。

そのユニコーンの本の中で、「八ヶ岳でユニコーンを見た」と言うスピリチュアルの有名な方も掲載されていて、オレはすぐにピンと来た。

――あれは、ユニコーンだったんだ……。

オレは森の中で、ときどき「妖精」を見かける。しかし、あのとき見たのは、妖精ではなかった。精霊というか、主《ぬし》というか、普通の存在ではなかった。鹿とかカモシカくらいの大きさの存在で、**その場の空間を歪めて、陽炎のような状態になり、森の中にいたのだ。**そして、こちらに気づいていた。

ずっと気になっていたが、ユニコーンに関する本を読んで、確信した。あれは、ユニコーンだったのだと。

もちろん証拠なんてありはしない。ただ、そうピンと来たのだ。

不思議な生き物たちが、もっと身近になれば、世界はもっとユニークになって、楽しくなると思う。

Episode

13 龍との会話

スピリチュアル好きの人の中には、「龍と話せます」「天使と話せます」と言う人がいる。実際は、自分自身の別の側面を見て、分離させ、そこと対話している場合が多い。人の心はとても多面的だから。

でも実際に、「自分自身の龍」という存在がいる場合もある。

龍神系の神社や湖などにいる龍神から、派生した精霊（龍の子）がついてくる場合や、先祖から引き継ぐ「守護龍」に守られている人もいる。

ただ、特に龍好きの人は、別の精霊や守護霊的なエネルギーでも、自分のフィル

ターを通すことで龍に仕立ててしまう。量子力学の「観測」と同じだ。観察者がエネルギーを物質化するからだ。

それは、自然と一体化している「龍神」とは違うが、そういう存在がいて、その存在とコミュニケーションを取るような人もたくさんいるわけだ。

オレもじつは、最近は自分の龍との対話はないのだが、一時期はよくやっていた。チャネリングのいい練習になった。

先に言っておくが、どうしていまはやらないのかというと、以前は自分の「外側」にいた存在（龍神から派生した精霊）だったのが、あるときから完全に「内側」になり、一体化してしまった。なので、自分の思考なのか、龍の思考なのか、もう区分がないのだ。

そもそも、龍さん（「さん付《づけ》」で呼ぶが、別に龍が偉くて人間が低いわけではない）もそう言っていたのだ。

「オレはおまえ自身でもある」と。

さて、オレが龍と話したことを記しておこう。

「龍さんはなんでオレについてるの？」

「サポートするためだ」

「ほうほう。じゃあ、何かいいことしてくれるんだね」

「違う。サポートだ。おまえが覚悟をし、行動した際に、我々は動ける。何もしない人間に、どうサポートをするのだ？」

「なるほど。あくまでも、人間が『主体』となって行動するんだね。じゃあさ、オレはまず何したらいいの？」

「……」

「え？　無視かよ？」

「何をしたいかくらいは、おまえがおまえ自身に問え。何をするか決まって、動き出し、おのれの力で動けなくなったときに問え。必ず最善の答えを伝える」


このように、オレの龍さんはけっこう厳しめだった。

わかったことは、**龍にしろ、いわゆる「神様」って呼ばれる存在は、人間をサポー**

トしたがっているってことだ。彼らは、この物質世界では直接動けないから、人間の行動と共に、この世界を、宇宙を、なんらかの「よい方向」へ運びたいらしい。

よく、龍さんはオレにこう言った。

「**問え。望め。動け**」

あくまでも、自分でやることくらいは、自分で決めてからってことだけど、困ったら問えばいいし、必要なものは望めばいい。

そして、行動すれば手を差し伸べてくれる。

いまはもう、以前のような形でコミュニケーションを取れないが、一度見せてくれた虹色に輝く体と、たくましく、美しい肢体は忘れられない。

2

不思議な「家族」の話

Episode 14

赤子の記憶

オレの生まれ育った実家は、オレが1歳か2歳になる前に、リビング部分の大掛かりなリフォームをした。

オレは「赤ちゃん」だったと、両親は言っていた。だから当然、オレは覚えてなどいないはず。しかし、オレにはリフォーム前の家の状態が手に取るようにわかっていた。はっきりと、覚えていたのだ。

小学生の頃だったと思う。

どうして両親とそんな話題になったのかはわからないが、

「前は台所があっちにあって、そこにはこの出っ張りがあったよね」

オレがそう言うと、両親は不思議そうな顔をして、

「そうだよ。ああ……写真で見たのかい？　おかしいな、写真なんてあったかな」と

言う。

「いや、写真は知らないけど、前は棚が奥にあって、古い台所は、えっと、そっから、そこくらいまでだったよね？」

オレは手でそのサイズを指し示した。

「いや、あれはおまえがまだ赤ちゃんの頃だったから、覚えているはずないよ」

父が言う。

「タカシから聞いたんでしょ？」（タカシとは兄のことだ）

母が言うと、「ああ、そうかそうか」と、父がそれで納得する。

いったいどうして、子供同士でリフォーム前の部屋の配置についてなんぞ話すのか……。

「違うよ！　聞いてないよ！　覚えているもん！」

オレからしてみたら、自分の記憶をただ話しているだけなのに、信じてもらえないのは驚きだった。

「そんなはずない」

父はそう言って譲らない。

母はオレのくだらない話に付き合っていられないとばかりに、会話から外れ、洗い物をしに行ってしまう。

自分でもそろそろなんかおかしいとは気づいていた。赤ちゃんの頃？　でも、なんで自分はその風景を知っているんだろう……。

「でも、知っているんだよ」

オレが言うと、

「いい加減にしろ！　嘘《うそ》をつくな！」

父から軽く怒鳴られた。確かに、赤ちゃんの頃の記憶を覚えているって、変なのかもしれない。しかし、覚えているものは仕方ない。

ただ、それを両親が微塵《みじん》も受け入れてくれなかったことは、とてもショックだったと記憶している。それ以来、オレは大人に何か伝えるときに、「これは受け入れてもらえるだろうか？」と、いちいち顔色をうかがうようになった。

それはそれで、オレを慎重にし、身を守るために思考する癖をつけてくれた。でも、親を信じられないって子供にとってはちょっと悲しいことだと思うよ。

もし、あなた自身に子供がいたり、身の回りに小さな子供がいたりしたら、ちょっとありえない話でもさ、耳を傾けてあげてね。子供って、そういう不思議なことってあるんだよ。もちろんいまは、そんな両親のことを責める気はないよ。

Episode 15 実家に住み着いた霊能者

これはオレが直接体験したわけではない。

なぜならオレが生まれる前の話だ。

父が若い頃。ある日ふらりと、霊能者が家にやってきた。

「この家はさまざまな異界の者たちの通り道なので、調整が必要だ」

などと言い、その霊能者はなんとうちに住み込むことになった。祖母がそういうことに興味ある人だったせいもあっただろう。

実家は不思議な造りで、裏手に管理しているアパートがあるのだが、その一室と母屋を繋《つな》げていた。霊能者はそのアパート部分に住んでいた。

霊能者は相談を受けて、除霊、お祓《はら》いなどをすることを生業《なりわい》としていた。祖母はそのまま弟子入りした。もともと祖母の父は、お寺の人らしく、祖母もまたその手の直感や霊感をもった人だったのだ。

その霊能者は「お不動さん」と呼ばれる、不動明王の霊力を使う霊能者だった。

父から聞いた話をそのまま書くが、不思議なことだらけだったそうだ。

隣の部屋のろうそくを、気合と共に「はっ！」と、消すことができたそうだ。しかし消すだけなら「風かな？」と思いそうだが、また「はっ！」と気合を入れて、今度はそのろうそくにまた火を灯《とも》す。不動明王は「炎」を扱うから、とのことだ。

お弟子さんに未浄化霊を憑依《ひょうい》させるという除霊も頻繁に行われていた。

餓死した霊を憑依させられたお弟子さんは、おにぎりを20個くらい一人で食べたそうだ。その量でも尋常ではないのに、除霊が終わった後、そのお弟子さんは、普通に、みんなと一緒に食事を取っていたらしい。ちなみに、憑依中の記憶はほとんどないそうだ。

そんな逸話がゴロゴロある家なのだ。

しかし、オレが生まれる直前に、その霊能者は、特に何も言わずに出ていった。祖母が亡くなったのもあるが、その家には新しい「場の調整役」が現れたから、なのかもしれない。それは無論、オレのことなのだが……。

Episode 16
ひいおばあちゃんとの繫がり

オレが物心ついた頃、我が家はちょっと不思議な家族構成だった。

父、母、兄。祖父と、曽祖母がいた。

祖母は、オレと入れ違いで亡くなり、祖父の母親、つまりオレの曽祖母、「ひいおばあちゃん」がいたのだ。

80歳を過ぎていて、耳が遠く、会話をするときは耳元で思い切り怒鳴らなければならなかった。明治生まれのひいおばあちゃんは、ティッシュを使うのを「贅沢《ぜいたく》」として、古新聞紙で鼻をかむので、よく鼻の下が黒くなっていた。

ひいおばあちゃんは、オレが3歳になって間もなく亡くなったが、不思議と、ひいおばあちゃんとの思い出は多い。

死ぬ前の最後に、足の骨を折って入院していて、オレは母と一緒に、その病院にお見舞いに何度も行った。オレは当時スヌーピーのぬいぐるみが大好きで、一番の友達だった。一日中抱っこしているので、真っ黒になり、ところどころ破けていた。ひいおばあちゃんはそれを病院で縫ってくれた。

2歳か3歳になったばかりのオレと、耳の遠いひいおばあちゃんとは、会話という、わかりやすいコミュニケーションはあまりなかった。

だが確かに、**オレはひいおばあちゃんの心と、何かしらの「繋がり」を、しっかりと感じていた。**

いま思えば、あの頃、ひいおばあちゃんに対して感じていた不思議な感覚はスピリチュアルや精神世界を語るときと、じつは似ているものなのだった。

言葉にはならない。言語では説明できない、心と心の繋がり。ハートとハートで無条件に繋がる……という感覚。それは、家の向かいにいる犬、ロッキーにも感じていた「何か」と同じものであった。

オレは、あのときの感覚を世界中の人と感じ合い、繋がり合えたら、この世はとても平和で、素敵な世界になるのではないかと思っている。

そしてそれはできると思っている。

Episode

17 胎内の母の感情

瞑想《めいそう》をしていると、時に不思議なことが起こる。

それは「不思議なことを起こそう」という気持ちがまったくないときに起こるので、こちらにはコントロール不能だ。

あるとき、車で瞑想していた。真夏と冬以外の朝などは、暑すぎず寒すぎず……土日でも子供の声や気配がなく、静かに集中しやすいので、車での瞑想は好きだ。

後部座席に座り、目を閉じる。

かすかに聞こえる水路に水が流れる音。小鳥の鳴き声。木々のざわめき。窓を閉めていても、それらの自然の音が聞こえて、心がやすらぐ。

やすらいで、リラックスしていること。それは瞑想の条件ともいえるが、その日はとてもやすらぎすぎて、深い瞑想状態に入っていた。

いまの自分の感覚はある。時間軸と空間軸で、しっかりと、いまここにいる自分の認識はある。しかし、同時並行して、別の感覚を覚えていた。

過去の自分だ。

じつは、そういうことはよくある。ある程度なら、狙ってできる。過去の自分のエネルギーの状態に意識を合わせて、チャネリングをしていくのだ。

しかしこのときはいつもと違った。

体が自然と丸まったので、オレは膝を抱えるような体勢になった。その「過去のオレ」には思考はなかった。感情と感覚だけだった。動物的ともいえる。

そして、誰かの感情がそのままこちらの心に流れっぱなしで、その誰かと同調しつづけている。

その相手は「母親」だった。

オレはそこでようやく気づいた。この「過去の自分」は、母のお腹《なか》の中にいた頃の自分だ。胎内の記憶なのだ。

胎児の感覚がわかった。**胎児の頃は、母親が世界のすべてだった。母親の感覚が、そのまま自分の感覚で、母親の感情が、自分の感情になった。**

思考レベルでは、母親の言語や、細かい意味を理解できてはいない。しかし、母親が感情に支配されているとき、確実に胎児は腹の中で、それを、下手すると母親以上に感じている。

特に、粗い感情には敏感だ。怒り、憎しみ、苛立《いらだ》ち、強い不安、強い恐れ……。もちろん、喜び、うれしさという感情も感じるのだが、往々にして粗い「負の感情」の方が繊細な感情を塗りつぶし、記憶にも残りやすいようだ。

腹の中では、世界のすべてが母親の感情一色になる。それは色を伴っていたり、音を伴っていたり、香りを伴っていたりする。

感情のキャッチの仕方は、人それぞれだ。しかし、**胎児に芽生えたばかりの世界観に、母親の感情はダイレクトに入ってくる。**

母と一緒に悲しみ、母と一緒に喜ぶ。
きっと、生まれてからもしばらくの間はそうなのではないだろうか？
母と子の絆《きずな》。それはまさしく生命の神秘であり、魂の触れ合いだった。
世界中の母と子に、願わくは、たくさんの喜びとやすらぎが降り注ぎますように。

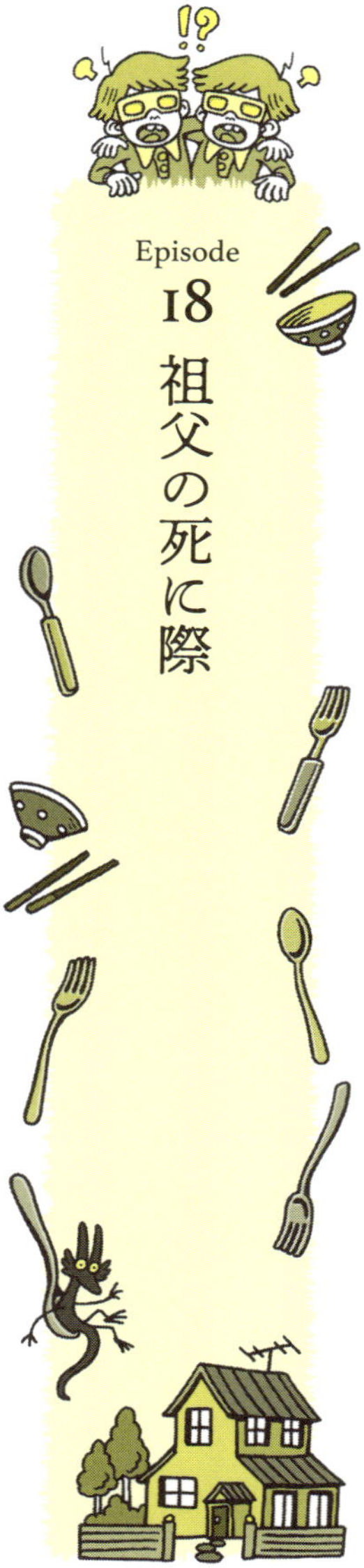

Episode 18
祖父の死に際

中学3年生の頃、祖父が死んだ。
確か60代後半だったと思う。癌《がん》で、最後はとても苦しんだ。
祖父とは親しくはない。父が親しくなかったからだ。祖母が死んで、祖父は数年後、他の女性と再婚。その再婚相手を父は嫌った。
死ぬ間際になって、遺産問題がもち上がった。じつは住んでいた家が祖父の名義だったことにより、我々の住んでいる家は自分のものだからあんたらは出ていけ……ということを、その再婚相手は要求していたらしい。

母も病気になった頃で、家は借金で火の車。その上家屋まで取られたらたまったものではない。父は徹底抗戦で（当たり前だ）、その再婚相手といつも「話し合い」をしていた。

祖父の病院へ行き、別室で相続の話し合い。

なぜかその間はオレが、死にかけの祖父がいる個室の病室で、二人きりで待たねばならない。ちなみに、その病院は年季の入った建物で、病室も古く、すぐにでも肝試しに使えそうだった。

初めの頃は症状も安定して、痰《たん》を取ってやったり、お茶を飲ませてやったりと世話をしていた。母も病気だったので、それくらいの世話は慣れていて、たいしたことはない。

しかし死ぬ間際になると、祖父は痛みに苦しみ出した。最後は強い薬品で意識が朦《もう》朧《ろう》としているのか、祖父は我々の目には見えないものが見えるらしく、また我々の耳には聞こえない声が聞こえているらしかった。

Episode 19

不思議な目の覚まし方

～兄の話1

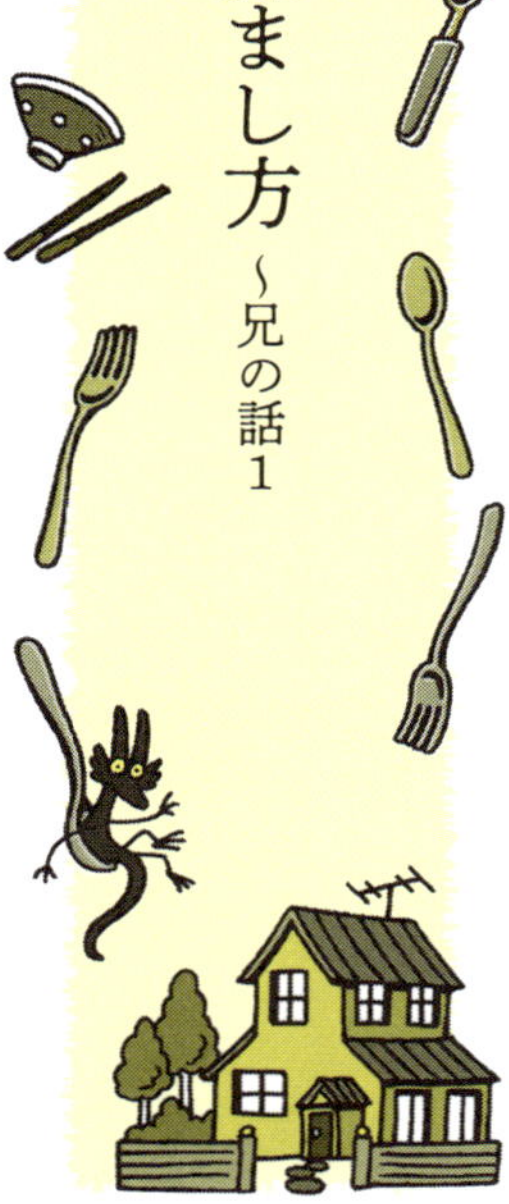

「助けてくれ～、連れていかないでくれ～」と、怯《おび》えて泣き出したり、「おまえの頭の上の火の玉をどうにかしてくれ！」と叫んだりした。

想像してほしい。古びた病院の病室。夜。いつ死ぬかわからない祖父と二人きり。そんなことばかり言われると、さすがにこっちの気もおかしくなる。

そこから離れたかったのだが、病院が人手不足なのか、親族が来ている間は、看護師もあまりこない。だから離れるわけにもいかなかった。そもそも夜の入院病棟で、行く場所などあるだろうか？

子供のように、目に見えない何かに怯えて泣いていた祖父の姿。こんな「死」は嫌だなあと、当時心底思った。

オレは二人兄弟で、3つ年上の兄がいた。いた、と過去形なのは、すでに亡くなっているから。

オレが35歳のとき。東京から八ヶ岳へ移住した年に、兄は急死した。

自宅での突然死だったので、警察の取り調べなどもあったし、死因の特定のため解剖などもあった。ちなみに死因は「肝機能停止のため」だが、突発的なもの。だが突然死に多い、脳卒中や、心筋梗塞など、一般的なものではない。

兄の死に関しては、その死に方だけでなく、とにかく不思議なことがあった。

身内の死というのは、誰しもなんらかの転機となるのだろうが、オレにとっても、兄の死は大きな転換へのきっかけだった。

ちなみに、これが日本の文化なのかはわからないが、ついつい「死んだ人を美化する」という風潮がある。「死んだ人のことを悪く言ってはならない」という風潮もある。これは「祟《たた》り」を恐れる日本の文化だと思う。死んだ後の悪口より、生きている人への悪口の方がよっぽど怖いと思うが。

……というわけだが、オレは兄のことをいっさい美化する気はない。オレのブログなどでも、兄のことは何度か触れているので、ここでは彼の生涯や人となりに関しては述べない。ただ、オレは兄のことを、この世でもっとも軽蔑し、もっとも憎み、嫌い、恐れる存在だった、とだけ言っておこう。

オレの人生からもっとも消えてほしい存在だった。

最後となった会話では、オレにこう言ったのだった。

「ぶっ殺してやる！　オレの言うこと聞く手下はいるからな！　おまえがどこに逃げてもぶっ殺してやるからな！」

当時、彼は一応「カウンセラー」だったのだが、およそ人の心を救う者が吐く言葉とは思えない。とにかく感情的になると、昔からすぐにこういう暴言を吐く人間だった。ちなみに、実際に傷害事件なども起こし、執行猶予判決を受けていた。そんな人間なので、オレだけならともかく、妻や息子を関わらせたくなかった。

しかし、彼はその後「うつ」になり、自分が患者になり、薬漬けになり、ぶくぶくに太り、荒《すさ》んだ生活をしていた。お金は、カウンセラー時代に稼いだ貯金がけっこうあり、それで食い繋いでいた。元クライアントだった女性が二人ほど、兄の生活の面倒を見ていた。その頃に、北海道の実家で一度だけ兄と会ったが、一言も話をせず、目も合わせなかった。

その翌年の11月11日の夜に、兄は東京の自宅マンションの一室で、突然息を引き取った。連れの女性は、夕方から夜遅くまで仕事をしており、深夜に帰宅したら、冷たくなった兄の遺体が部屋に転がっていたという。

日付は変わり12日の午前3時過ぎに、オレは不思議な目の覚まし方をした。「地震かな」と思った。こういう脈絡のない目覚め方は、大抵そうだった。目覚めた瞬間から眠気はいっさいない。普通は深い睡眠状態から、間のうつらうつらした瞬間を挟むものだが、完全に覚醒した感覚。

しかし、地震は起きなかった。オレはトイレに行き、水を飲み、「はて困ったぞ」と思った。

まったく眠くないのだ。しかし、こんな夜中に、何をしていいのかもわからず、布団から出ると寒かった。とりあえず布団の中に戻る。

家族が横で寝ているので、電気をつけて本を読むわけにもいかず、ぼんやりと、天井を見つめたり、考えごとをしたりして過ごした。そのうち眠くなるだろうと。

しかし、一睡もできず、時間は過ぎていく。そういうときは往々にして、時間の流れが遅い。そして、早朝の5時少し前に、隣の部屋に置いてある携帯電話が鳴った。

父からだった。

「タカシが、死んだ……自殺かもしれない」

完全にパニくっていた。

ああ、そうだったのか……。じつはオレは、その知らせはさして驚かなかった。なんとなく、そうなることを感じていたからだ。

Episode 20 生まれる前の約束 ～兄の話2

兄が突然死した日の10日ほど前。
オレは、スピリチュアルの名著であり、世界的ベストセラー『神との対話』（ニール・ドナルド・ウォルシュ著／サンマーク出版）を読んでいた。
『神との対話』第3巻である「魂の約束」についての話を読んでいたときだ。オレは急に、意識が遠のいた。真っ白になった。

そこで、唐突に……あまりに唐突に、思い出した。

そこは真っ白い世界だった。光の世界。

兄の魂は、まだオレたちがこの世界に生を受ける前に、オレの魂にこう言った。

「たくさんひどいことをするから、そこで『許し』を学んでくれ」

他にも、言葉ではうまく説明できないが、いろいろな約束ごとがあったことを思い出した。

我々は**生まれてくる前に、深い縁になる人たちとは、それぞれのテーマをもち寄り、この現世で解消させる約束をしてきている**らしいのだ。

そう、オレがもっとも憎み、軽蔑し、忌み嫌っていた、恐ろしかった彼の本性が、純粋な「愛」そのものだと知ったのだ。

この「知った」というのも、知識や情報としてではなく、もっと深い、本能的な気づきであり、根本的な感覚。知らなかったことを知ったのではなく、忘れていたことを「思い出した」のだから。

とめどなく涙があふれた。あんなに泣いたことは、いままでになかったかもしれない。とてつもない深い愛に触れたとき、この次元に住む我々は、感動なんて言葉を超えた、圧倒的浄化を味わうのだ。

兄に、すぐに会いたいと思った。もう一度、いや、生まれてこのかた、ほとんどまともに話したことがなかったが、ちゃんと話し合いたい。そう、切実に思った。

しかし、兄はうつで引きこもりの状態。携帯電話の番号は知らないし、家の電話はほとんど出ない。実家経由で連絡を取ってもらおうと思ったが、親が電話しても、ここ数か月は、お付きの女性が取り次ぎ、折り返すと言ったきりだったそうだ。だから両親も連絡が取れず困っていた。

「オレが会いたいと言っているとだけ伝えてほしい」

母には伝えた。しかし、それは叶《かな》わず、兄は突然、この世を去った。

明け方前に、その訃報を電話で聞いたとき、悲しくなかったのはそういうことだ。なぜなら、彼の存在は、オレの人生において完全に完結していたからだ。

オレは、兄を許していた。あの傍若無人で、凶暴で強烈な兄を、許すどころか、愛で見ていたからだ。

Episode 21

暴れる浮遊霊

~兄の話3

兄の死後、不思議なことがたくさんあったそうだ。

付き人のような、元クライアントだった女性は、いわゆる「夜の仕事」をしていた。だから、兄の遺体が発見されたのが、深夜2時過ぎだったのだ。

兄が死んだのは、11日の18時くらいと推定された。大量の睡眠薬摂取があったので、初めは「自殺」の線も考えられていたが、常に大量摂取していたので、自殺とは考えられなかった。遺書もない。

ここから、兄の「魂」が、浮遊霊になったと仮定して話を進める。

兄の魂は、体からとりあえず抜け出た。動かない肉体を見たが、まだ、自分が「死んだ」とは気づけないし、認められない。付き人の女性のところに行った。

彼女のお店の事務所では、その日はポルターガイスト現象が乱発し、他の女性たちが怯えていたという。

おそらく、兄の浮遊霊が暴れていたのだろう。精神力の強い人だったから、そういうことも起こりうるだろう。

店のマネージャーに、霊感の強い人がいて、その人は、誰かがいるのに気づいたそうだ。兄はその男が、自分に気づいていることを察し、ついていったのだろう。彼の家で、またもポルターガイスト現象が起こりまくったそうだ。

そして深夜3時に、女性スタッフから電話があった。

「帰ったら、一緒に住んでいる男性が死んでいて、どうしたらいいか！」

そう、その女性は兄の付き人の女性のことだ（恋人ではなかったそうだ。信者とか、弟子とかというより、とにかく付き人としかいえない）。

彼はすぐに「そういうことか」と気づき、とにかく兄のマンションへ。そして、事態を把握し、警察を呼び、冷静に対処してくれた。

オレが夜中に、不自然な目の覚まし方をしたのが、ちょうどそのくらいの時刻。

兄の霊は、自分の死をようやく自覚し、オレのところにも来たのかもしれない。それを見たり聞いたりはしていないが、そんな気がしてならない。

Episode

22

1111のシンクロニシティ ～兄の話4

兄が死んだのは、11月11日だった。1の4並びだ。

兄の死後、マンションの片づけをしていた。

ポール・マッカートニーのコンサートのチケットがあった。兄はもともとビートルズオタクだった。引きこもりで、死ぬ直前はステーキとラーメンしか食べず、精神薬と睡眠薬を服用し、一日中うつらうつらして、付き人の女性以外とは誰とも話さなかったが、そのコンサートに行くつもりだったのだろう。

どんなライブなのか、せっかくだから行こうかなと、その詳細をインターネットで見た。

ポール・マッカートニー。11年ぶりの来日コンサート。11月11日からスタート……。

「1が、多い」と、この文章を見ると思うだろう。

そして、兄はツアースタートの、11月11日に死んでいる。

オレは、息子が生まれた日を思い出した。

助産婦から告げられた言葉。

「1時11分。元気な男の子が生まれました！」

1の、並び。何か縁があるのだろうか？

ただそのときはさして気にもしなかった。

しかし、1の並びは、オレにとって「序章」だったのだ。

後から、エンジェルナンバー（ふと目にした連番のメッセージ）のことを知った。

連続した数字は、シンクロニシティであり、そこには神からのサインが記されていると。

エンジェルナンバー「1111」のメッセージのひとつで、こういうのがある。

「あなたに、エネルギーの通り道ができました」

エネルギーの通り道。それはつまり、オレが魂の約束や使命を思い出し、本当の自分になること。オレは兄の死によって、何かが強制的に開かれたのだと、後になってから、よくわかった。

しかし、いきなりそんな都合のよいことばかりが起きるとは限らない。

そこで起こるのは、まずは「浄化」や「過去の清算」だ。これまで溜《た》め込んでいた、抑圧していた「カルマ」の解放が起こる。溜め込んでいた膿《うみ》を出すのだ。つらいに決まっている。

どんなことが起きたか？

11月の兄の死から、急遽《きゅうきょ》決まった引越し。出るときは、大家さんともめた。新しい引越し先でも、大家さんとのやり取りで苦労した。

新しい環境と、息子の不登校。夫婦間のすれ違いや抑圧がピークに達して、毎日のように大ゲンカ。お金のこと。教育のこと。仕事のこと。夫婦のこと。親のこと。学校のこと。地域や付き合いのある知人とのトラブルもあった。何から何まで、問題が勃発しつづけた。

すべてを出しつくした後に、ようやく、妻の顔が見えてきた。それまでは、オレはちゃんと彼女が見えていなかったのだ。

Episode
23 自由になれ
〜兄の話5

兄は、オレにお金を残してくれた。

オレはもともと金にだらしなく、結婚するときも消費者金融に１００万円以上借金があり、妻に全額立て替えてもらった。妻は妻で、お金にガチガチな性格だったこともあり、借金などもっての外、軽蔑の対象だった。

お金の信用がないから、キャッシュカードも持たせてもらえなかった。当然おこづかい制。

共働きだったが、妻の方が、圧倒的に収入が多く、オレはお金に関しては、本当にみじめで、妻に対して頭が上がらなかった。

そんなオレに、まとまったお金が……。

初めは、もちろん妻が管理することになり、通帳は妻が預かった。当時の我が家では、お金に関するいっさいの権限がオレにはなかった。

しかし、激しい夫婦ゲンカの末、オレは通帳を奪い返した。そして、こう言った。

「これはオレの金だ！　オレが好きに使う！」

初めて、妻に対して、お金の問題で強気に出た瞬間だった。

そして実際、そのお金を使っていろいろと試した。

息子のことをきっかけに、心理学や、脳科学を学んだ。だから、セミナーや講演会など、学びのために使った。

お金の勉強もその頃から始めた。お金への恐れや、ブロックを外す目的も兼ねて、ふんだんにお金を使った。外食しまくり、衣服も、値段を見ないで買ってみることを繰り返した。

ちなみに、オレはそれまで、ユニクロや無印良品の服で、2、3パターンをただ繰り返すだけという、おしゃれからいっさい遠ざかる生活を数年間送っていた。

その頃は髪も「面倒だから」という理由で、坊主にしていた。しかも、床屋は駅ビルの1000円カット。

それが、いろんな服を着て、髪を伸ばし、美容室に行くようになった。鏡を見ることが増えて改めて気づいたが、ここ数年、ヒゲ剃《そ》り以外で鏡を見る習慣すらなくなっていたのだ。

そして、初めての「一人旅」を決行した。

それまでは、一人で行く、一人で楽しむ、なんてことが、妻と息子に申し訳なくてできなかった。実際、子供が小さかったこともあるが、妻も、一部の奥様と同じように、夫を自由にさせることに関して寛容ではなかった。

しかし、オレは一人で旅行に行った。もともと、オレは旅行なんてほとんど行ったことがない人間だった。国外はおろか、国内も、妻と出会ってから、年に1、2回、行く程度。それも、秩父や熱海などの近場。関西には行ったが、それは移住地探しと農業研修だったので、旅行ともいえない。

そんな自分が、初めての一人旅。

……といっても、同じ県内。「戸隠」へ行ったのだ。

当時は登山もはまっていたので、戸隠神社の5社を、すべて徒歩で回り、翌日は戸隠山と九頭龍《くずりゅう》山の山頂へも登った。かなり、危険箇所の多い、難易度の高い山だが、本当に楽しかった。

そこからだ。オレは伊勢に行ったり、熊野に行ったり、聖地を廻《まわ》るようになり、いまでは世界もあちこち行くようになったのだから、人生というのは何が起こるかわかったものではない。しかも、それが「参拝ツアー」などの仕事になるとは、当時、誰が想像できただろう。

兄の魂は、いつもこう言っている気がした。

「**自由になれ**」

兄の死をきっかけに、オレはどれほど自由になれたか。感謝しかない。

Episode

24 息子と不登校

息子は、小学1年生の頃、いわゆる「不登校児童」というやつになった。

1学期の後半から「行きたくない」とぐずり出し、途中で帰ってくるようになった。

行かせようと、あの手この手でオレも妻も手を尽くしたが、結局行かなくなった。いや、行けなかったのだ。

これをきっかけに、オレと妻は大きくぶつかり合い、時に怒り狂い、罵り合うこともあった。それまでずっと溜め込んでいたうっぷんが、爆発したのだ。泣きながら、それを止める息子がいた。

しかし、そこから「児童心理学」を学び、心理、自己啓発、脳科学、スピリチュアルなど、さまざまな方向から、学び、アプローチをした。

妻とはぶつかるだけぶつかり、離婚も覚悟の状態にまでなったが、そこまで出しきってから、ようやく、お互いに本当の姿が見えて、お互いの「見る方向」が定まった。

パートナーシップとは、向き合うことより「どこを見るか」なのだ。

我々は長い長い話し合いの結果、同じ方向を見据えた。そして、いまも、常に話し合い、同じ方向を見据えている。

ちなみに、このときに知ったさまざまなことから、SNSなどで、作家さんや有名なブロガーなどをフォローしたり、セミナーに行ったりするようになった。そして、気がつくと自分も同じようなことを生業にし、彼らといまは友人になっているのだから、人生とは何が起きるかわからない。

あの頃は何かと大変だったが、息子のおかげで、オレの人生は、とても楽しく、幸せで、スリリングな方へ開いた。

さて、息子は結局、1学期の後半から2学期丸ごと、学校へ行かなかった。この間、妻は「赤ちゃんからのやり直し」ということで、極力一緒にいる時間を作り、遊びたおした。

以前は、我々もテレビを観《み》せない、菜食主義でお菓子を与えないなど、ガチガチに抑圧して息子を育てていたので、どんどん自由を与えてみた。

そして、我々は常に自分の心と向き合った。

息子が学校に行かないのは、息子の問題でも、学校や友達の問題でもない。オレがそうさせているのだ……と、すべての責任を、自分が取った。誰のせいにもしないと決めた。

「学校は行かなければならない」という、常識に縛られていた自分のジャッジを手放すことが課題だった。自分が、そこになんらかの執着心や否定的な気持ちを抱いている限り、解決はしないのだ。

そしてあるときふっと、オレはこう思えた。

――あ、こいつ、学校行かなくても大丈夫だ……。

息子が、一人で遊んでいる姿を見て、自然に思えたのだ。すとんっと、腹に落ちたのだ。**深い気づきとは、そのように何の前触れもなく、感動も歓喜もなく訪れる**ことが多いのだ。

学校に行く・行かないと、彼の幸せ・彼の人生は、ほぼほぼ関係ないだろうと思った。だから本気で「学校に行かなくてもいい」と思えたのだ。学校に行かなくても、彼は幸せになるのだろう。そう、彼の人生を「丸ごと信頼」できたのだ。理由も根拠もない。信頼ってそういうものだ。

見返りを求めるのは信用。しかし、**信頼には理由も理屈も理論もなく、そして信頼したからといってこちらには何の報酬もない。**

すると、息子は3学期になって、また学校に行くようになった。オレも妻も、一言も「行け」とは言っていない。

むしろ「行かなくていいよ」と、心から言っていたのに……。

これはすべての不登校児と、その両親に当てはまるとは限らない。ただ、エネルギーなどといった視点で見ると、**親がもつ「否定的」要素や「不安」「恐れ」などは、必ず身近な人を通して現れる。**

だから、問題を起こした家族をどうこうしようなどと思わず、自分の心を片づけていくことで、スムーズな展開が投影されるのだ。

もちろん、いまでも我が家は、学校には行っても行かなくても、どっちでもいいというスタンスだ。ただ、学校に行っている間は、何かと親は楽なので、学校とか教育制度には、思うところはあれど感謝している。

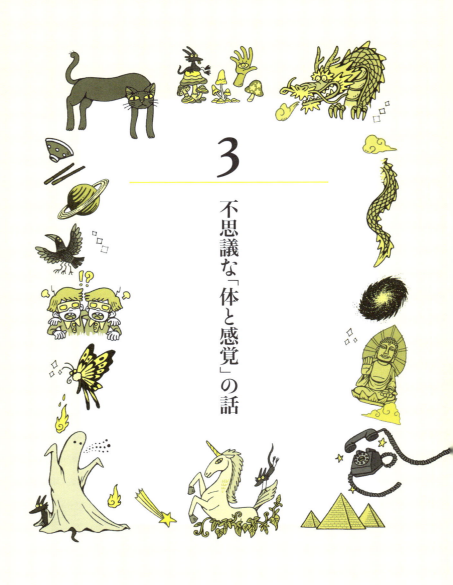

3

不思議な「体と感覚」の話

Episode 25

交通事故

小学2年生のときだった。夏休みなのか、日曜日だったのかはっきりとは覚えていないが、とにかく学校のない日だった。

家は自営業だったので、通常は父がいつもいるのだが、そのときは留守にしていた。オレは家を出て、通りを挟んで向かいのお家のガレージにいる〝ロッキー〟という名の雄犬に会いに行った。家の前の通りは、比較的交通量が多い。国道から一本入った広い道路で、駅や商店街も近い場所だった。

オレはロッキーと遊んでから、再び混み合う道路を横切った。

連なった車の脇を抜けると、反対車線から突然現れた車（タクシーだった）。

「あ！」

気づいたときは、オレは空を飛んでいた。本当に、飛んでいたのだ。

「どんっ」という衝撃はあった。それははっきりと覚えている。しかし痛くはなく、とても柔らかいものにぶつかったと感じた。

オレは、軽やかに、ふわりと宙に浮いていた。時間がゆったりと流れていた。宙を舞いながら、いろんなことを思い出した。

ものすごく小さな頃の記憶なんかも、鮮明に思い出した。とても長い時間、宙を舞っていたような気がした。それはとても心地よい時間だった。

しかし、心地よかったのも束《つか》の間、まるで深い眠りから乱暴に引き戻されるように「どすんっ！」と、アスファルトの上に尻餅をついて落ちた。それなりに痛かった。

数メートル離れたところに、オレがぶつかった車があり、急ブレーキ後のタイヤの擦れる甲高い音が、通りに響いていた。

自分の身に何が起きたのか、とっさに理解した。

しかし、そこで真っ先に思ったことは、「やばい！　怒られる！」だった。

この頃、オレはいつもぼんやりとしていた。なんせまっすぐ道を歩いていて電信柱に正面衝突するくらいだった。信号もよく見ていなかったり、横断歩道がない通りでも左右確認しないで渡ったりすることが多く、いつも両親から叱られていた。

オレはさっと立ち上がり急いで家に逃げた。胸がドキドキした。これはとんでもなく怒られるのではないか？　バレたら大変だ。

テレビでは『笑っていいとも！』がやっていた。昼時だったのだ。オレはとりあえずテレビを観て気を落ち着かせようとした。すると、近所に出かけていた父が帰ってきた。

「なんか、交通事故があったそうだぞ？　知ってるか？」

テレビを観るオレに尋ねた。

「え？　さあ……」オレはしらばっくれた。

「ふーん。なんか子供がはねられたとかって騒いでいるんだよな」

田舎である。ご近所さんはほとんど知り合いだ。

「おい！　ケンスケ！　大丈夫か！」近所の、よく知るおじさんが飛び込んできた。

あちゃー……。オレは父に大目玉を食らうことを恐れ、げんなりした。

「おまえだったのか!!」

オレはゲンコツ一発くらい覚悟したが、怒られることはなく、驚いた父にすぐに病院に連れていかれた。

いろいろと検査をしたが、オレの体にはかすり傷ひとつなかった。知らせを聞いて病院に駆け込んできた母は、オレの姿を見て安心して倒れてしまい、倒れた拍子にどこかぶつけて、母の方こそ治療が必要だった。

その後、警察も来て事故検証。オレ自身はあまり覚えていないが、近所で見ていた人たちがあれやこれやと騒いでいた。

「不思議だ」と、周りの大人たちは言っていた。

確かにいま思い出しても、けっこうな距離を吹っ飛ばされたのは事実だ。スピードがそれほど出ていなかったとはいえ、走ってきた車のど真ん中に、8歳の子供の体がぶつかり、吹き飛ばされたのだ。

オレは、あのときの柔らかい感触をよく覚えている。とても鉄の塊にぶつかったとは思えない。そして、あの長い滞空時間。

本当に心地よかった。とても幸福感のある時間だった。

「おばあちゃんやご先祖さんが、おまえを守ってくれたのかもな」

父は言った。オレは少し考えてから、その考えに賛成した。

あの安心感といったら、誰かに、何かに、守られているとしか思えなかった。オレは、**目に見えない不思議な力で守られている。**そう確信した。

その後、オレは道路を渡るときは、きちんと左右安全確認するようになり、幸い、交通事故にあったことはそれ以来ない。

Episode
26 恍惚
～坐禅とオーガズム1

坐《ざ》禅《ぜん》をしながら、呼吸を感じていた。

最初は、呼吸を「する」という意識にとらわれる。それか、思考雑念にとらわれて、ただ呼吸していることを忘れてしまう。つまり、それは日常と同じ。呼吸は無意識に行われている。

しかしそのときは、完全に呼吸と自分がひとつになっていた。

躍動するリズムだった。うまく説明できないが、生命にはリズムがあって、そのリズムと自身の呼吸が重なった。そして、どうやら地球や宇宙にも生命のリズムがあり、オレはそれもはっきりと感じ取ったのだ。

そして、その呼吸、生命、地球の３つのリズムが重なった瞬間を捉えた。

そのときだ。体のど真ん中に、下から上に、快感が突き抜けた。

快感だ。

男性限定だが、わかりやすくいうと、男性のオーガズムの感覚。射精するときの、あの感覚だ。

通常ならば、射精による快楽はほんの数秒。しかし、このときは違った。呼吸のリズムに合わせて、それはずっと、果てしなく続くのだ。

勃起しているわけではない。そして精液が出るということもなく、ずっと続く。

それは波だった。**呼吸と、生命と、地球のリズムが、すべてひとつのうねりになり、オレの体を突き抜けつづけるのだ。**

恍惚《こうこつ》とは、まさにこのことだ。

そのときは何分それが続いたのかはわからないが、やがて静かに、その波は引いていった。

何が起きたのかわからなかった。

それは、**「クンダリーニの上昇」**という名称で、**瞑想《めいそう》や、神秘的、スピリチュアルな探求者なら、比較的よくある現象**だと知ったのはだいぶ後のことで、そのときはただただ、自分の身に起きた奇跡に驚いたと共に、人体の神秘に感動した。

そして、直感的にわかったこともあった。

そこは入り口だった。その扉の向こうに、もっともっと広大な世界が果てしなく続いている。しょせん、オレが立ったのは入り口に過ぎない……とはいっても、確実に扉を開いたという感触もある。

入り口は開いた。しかしまだ、足を踏み入れてはいない。引き返すことは簡単だ。しかし、オレはもう後戻りする気はなかった。

その日を境に、その恍惚を再び求めるべく、それまでは「健康」のためにやっていた坐禅が、自身への「探求」に変わった。

Episode
27 まさか電車の中で！
～坐禅とオーガズム2

どうしたら、あの一体感を生み出せるのか。あの波と同調できるのか。オレは探しあぐねた。それは追えば追うほど遠ざかった。

後からわかったことだが、**神秘体験というのは、神秘を追っている限り、永遠にたどり着けないのだ。**神秘との出会いとは、ある意味「究極的な自分」との出会いでもあるのに、体験したいというエゴ（自我）を求めているのだ。子犬が自分の尻尾を追いかけてぐるぐる回るようなものなのだ。

あの恍惚は訪れないまま、オレは精神世界や、目に見えないエネルギーを学ぶようになり、ヒーリングなども身につけていった。

坐禅は毎日続けていたが、〝あれ〟はやってこず、やはり結果としては、健康と精神修養のためのものになっていた。

しかし、それはまた、唐突にやってきてしまった。

オレは当時飲食店のアルバイトをしていて、仕事帰りは大抵最終電車だった。東京都北区赤羽に住んでいた。新宿駅から埼京線に乗って、めずらしく座れたので、オレは座りながらいつもの呼吸法をしていた。

坐禅していたわけではなく、オレは呼吸器系の病気をしたおかげか、日頃から意識呼吸、丹田呼吸を心がけていた。

池袋から、板橋駅を過ぎる頃、自分の呼吸のリズムが、生命のリズムと重なった。

——まさか、ここで？

しかし、それをオレには止められない。

もちろん、引き返すことはできる。

でも、扉はまた開かれた。

恍惚が訪れ、全身を貫く快楽。

ＪＲ埼京線で、一人恍惚にふける男。当時オレは25歳。茶髪、ロン毛、ピアスという風体。そんな男が、恍惚の表情を浮かべて座っているのだ。きっ

と、すごい顔をしていたのだろう。

うっすら目を開けたところ、ちょうど目の前に立ち、手すりにつかまっていた女性と目があった。

その女性はオレの様子を見て、怯《おび》えたような、不審者を見るような怪訝《けげん》な顔をし、そそくさとオレの目の前から離れ、奥の方へ行った。満員の中、無理やり人をかき分けて……。

——ああ、きっといまのオレは、相当やばい顔をしているんだ。

自覚はあった。しかし、宇宙のリズムはそんなことおかまいなしに、オレの中で絶頂の波をほとばしらせつづけた。

赤羽駅に着く頃に、ちょうど波が静まってきた。オレは立ち上がり、腰が砕けそうな感覚で電車を降りた。

どうしてそんなことが起きてしまったのか。どうして埼京線なのか。いまだにその答えは見つかっていない。

ただ、オレは車内で、下手したら変質者扱いになったかもしれないと思うと、神秘体験も困りものだということは身に染みてわかった。

Episode 28

花や鳥と心を通じ合わせる方法

名前というのは不思議なもので、よくよく自分の身の回りを見ると、「名前のないもの」を見つけることはできないと気づく。

すべてに、名前がある。

名前というのは、ひとつの「枠」や「制限」であり、大いなる世界からの「分離」を意味する。しかし、その「分離」のおかげで、それらの輪郭が際立ち、自分の世界が色づくのだ。

オレは田舎生まれが祟《たた》ってか、都会にあこがれがあり、田舎や自然というものに対してかなり無頓着だった。いやむしろ、自然的なものを忌み嫌っていたともいえた。田舎とイメージが結びつくものすべてを嫌悪していたのだ。

東京に行って、まさしくコンクリートジャングルで暮らすようになり、夢が叶《かな》ったかのようだったが、結局自分から「自然」は切り離せなかった。

練馬区に引っ越したのがひとつの転機だった。

ここは、東京23区の中で、圧倒的に田舎な練馬区。畑も多く、雑木林も多い。

妻とは、そこで出会った。

妻は草花の名前や、野鳥の名前をよく知っている人だった。

オレはそもそも、街にいる鳥の名前なんてカラスとハトとスズメくらいしか知らなかったが、練馬区には野鳥も多い。シジュウカラ、メジロ、セキレイ、ムクドリ、ヒヨドリ、エナガ……あげればキリがないが、いろんな鳥がいて、それぞれの姿、仕草、鳴き声に特徴があった。

花もそうだった。

季節ごとの草花が、いたるところにあり、それまで「雑草」と思っていたものが、妻に言わせるとさまざまな名称があるとのことだった。

オレの世界は、とっても豊かになった。

名前をつけることにより、世界はより鮮明になり、自分との繋《つな》がりが増えた。

名前のおかげで、植物や、小鳥などと、心が通う瞬間を感じることもある。

アホみたいだが、話しかけるのがいいようだ。しかも「話しかけつづける」ことだ。実際に「言語」でコミュニケーションが取れるわけではないが、確実に、何かが「通じた」という感覚が、きっと誰でも得られるだろう。

Episode 29 地震予知

じつはオレは「地震予知」ができた。

いまは、できない。いつからだろう。24、5歳くらいまでは、まだその能力があったが、徐々にその精度が落ちて、27、8歳には、完全にその能力は失われたようだ。いまはまったくない。

ただ、地震予知ができたといっても、「○月○日に地震がくる！」のような予言はできず、あくまでも「予知」であり、しかも、地震が起こる〝数秒前〟なのだ。

だから実質、予知能力としては、ほとんど役に立たないといってもいいだろう。

——あ、来る……。

そう感じて、数秒後だ。逃げる余裕もないし、そもそもそれはあまりに唐突に来る感覚なので、それが「地震」だと思考が判断するのに2、3秒かかる。

だから、「それ」だと気づいたときには揺れはじめる始末なのだ。

どんな感覚かと問われても、うまく説明できない。「違和感」とでもいおうか。五感や、思考、感情などを超えた、もっと動物的な感覚だ。**思考が突然止まり、すべてが、しんと静まり返る……**という感じだ。

日中はその感覚が鈍くなるので、夜の方が敏感だった。だから夜中など、地震が来る前にはほぼ必ず目が覚めた。どんな深い眠りだろうとも、いきなりパッと目が覚める。そんな自分に驚く。

そして「あ、これは地震だ」と気づく。そしてすぐに大地が揺れる。

いままでの人生で、大きな地震も何度か体験したが、いまのところ、その能力のおかげで得をしたことも、損をしたこともない。

過去に何人かの知人に話したことはあるが、まったく役に立たない話なので、自分で話していても要領を得ないし、当然誰も関心を示してはくれなかった。
そしてもちろん、その感覚がいまはまったくないが、なくなってしまって困ったこ
とも一度もない。

Episode 30 こうして、エンパス能力は磨かれた

「どうしてわかるんですか？」
話をしていて、そう驚かれることがある。いまは個人的な相談などは受けていないが、以前はよく言われた。
「リーディング」と専門用語でいうが、相手を読み取るのはスピリチュアル能力の基本的なものかもしれない。
これは鍛えることができる。そして、何もそんなスピリチュアルな話にしなくても、

じつは日常でも行われている。

わかりやすくいうと、「顔色をうかがう」や「空気を読む」というやつだ。

日本人は特に先天的に、「エンパス」と呼ばれる能力や資質が高いといわれている。

オレは小さい頃から、いつも親の顔色をうかがって過ごしてきたといっても過言でない。特に母親だ。ちょっとでも機嫌が悪いとヒステリーを起こすのだ。

神経がか細かったオレは「人の怒り」に対し無防備で、苦手だった。だから、怒らせないために、怒る前に対処するために、いつも空気を読んでいた。

そのかいあってか、中高生くらいになると、その能力はフル活用された。

オレは腕っぷしは弱いので、ケンカはからきし苦手だ。そもそも痛いのは嫌いだ。

それでも、誰よりも青春時代を楽しみたかった。そのためには、目立って楽しんでも、ヤンキーたちに目をつけられない程度の「力」が必要だった。

だから、自分もそういう「不良」的な立場になり、率先してヤンキーたちと仲よくなり、友好的なポジションを得る必要があったのだ。

歴史好きで、かなりの戦術家だったのも手伝ってか、オレはどんな不良ともすぐに仲よくなれた。真面目な連中より、そういう荒っぽい連中とつるんでいる方が刺激的で、みんなそれぞれに面白みがあったから、性分には合っていたのだろう。

そうはいっても実力世界。そこでのし上がるには、読心術と、ハッタリと、それを実行する度胸だ。結果、当時のオレは怖いもの知らずだった。

幽霊を見たり、変な気配を感じたりするより、実際の人間社会の方がそういう能力はいきるのだ。

何が言いたいかというと、人の顔色をうかがってビクビクする生き方なんてつまらないが、それによって鍛えられる「感覚」や「能力」もある、ということ。

Episode
31 地獄のはじまり
～呼吸不全の日々1

人生を大きく変えるきっかけとなった出来事はたくさんあるが、やはり「病気」は大きかった。

22歳の頃。一番、無理をしていた。思えば、自分で自分をいじめ、自分で苦しめ、体を壊すようなことを自ら望んでやっていた。

親友の自殺がきっかけで、オレは死に物狂いで生き急いだ。ちょうど、さまざまなチャンスが確実にあり、コネクションも広がっていた時期だったが、少しでも空いた時間があれば、酒を浴びるように飲んで騒ぐか、アルバイトをしていた。睡眠時間と食事の時間を削り、精神力だけですべてを成せる、と本気で思っていた。

明らかに体は不調を抱えていて、検査してみたら「栄養失調」と診断された。

だが、そのまま、自分の限界を試しつづけた。苦行をしていたのだ。そうでもしないと、自分を保てなかった。

ある日。夏だった。夕方の串焼き屋のアルバイトの仕込みの時間。肉を切って、ひたすら串に刺すという仕事。

頭の中で「バチンッ！」と音がした。はっきりと聞こえた。

当時住んでいたボロアパートは、トースターとドライヤーを同時に使うとブレーカーが落ちたが、そのときの音とそっくりだった。

「え？」

その音に対して疑問などを挟む間もなく、視界が一瞬で、暗くなった。テレビ画面の「明るさ」調節で数段階下がったような感じがした。

そして、息が苦しくなった。思ったように息が吸えないのだ。吸いたい量の半分も吸えない。何が起こったのかわからなかったが、自分の身に、何かとんでもないことが起きているというのはわかった。

そこから、地獄の日々が始まった。

Episode 32

原因不明

～呼吸不全の日々2

息が苦しい。吸えないのだ。小児喘息《ぜんそく》もさんざん経験しているが、そういう苦しさとは違う。

息が吸えない。夜も、息苦しくて熟睡できない。とにかく異常事態であることは間違いない。病院へ行く。しかし、レントゲンはもちろん、検査をしても原因は見つからない。心電図やエコー検査など、さまざまな検査をしたが、肝機能などが弱いくらいで、特に呼吸に関する症状は認められない。

原因不明の呼吸不全と名づけられた。さらに、医師は言った。

「精神的な問題です」

あの頃のオレは無知だったので、医師の言うことに疑いをもつこともなく、それを鵜呑《うの》みにした。

精神安定剤と、睡眠薬を出してもらって、飲みつづけた。なんとなく、楽になったような気もしないではないが、病状はじわじわと悪くなっていった。

高いお金を払って脳内のＭＲＩ検査なども受けたが、やはり問題はなかった。

総合病院から心療内科を紹介され、「パニック障害」「うつ」「不眠症」「不安神経症」などの病名がつけられ、大量の向精神薬を処方された。

「私はいままで何人も君のような患者を治してきたんだ。私の言う通り薬を飲めば大丈夫だ」

こちらの話をあまり聞かない偉そうな態度の医師だったが、こちらは藁《わら》にもすがる思いなので信じるしかなかった。

薬を飲むが、一向に状況は変わらない。

昼間は、休み休み動けばまだなんとかなるが、夜になるとさらに苦しくなる。

睡眠薬を飲もうが、酒を飲もうが、苦しくて眠れない。どんどん、体力や気力を奪っていく。

オレは身長が177センチ、体重はもともと54キロ、体脂肪率5%という痩せ型だったが、この時期は体重が47、8キロになっていた。

音楽活動はすべて休止した。入っていた仕事はキャンセルせざるをえなく、バンドもやめた。

生活のためのアルバイトも休むようになり、働く時間も減らした。生活費のために消費者金融から金も借りた。

しかし、返すアテはない。実家では、母は重病人だし、蓄えどころか借金があるくらいの家だったので、助けてくれる人は誰もいなかった。

ただただ、体が衰弱し、精神的にも不安と恐怖でいっぱいだった。薬は飲みつづけていたが効かず、それを伝えても種類を変えられ、量が増えるだけ。

「肺や気管支に異常はないんだ。だからそれは精神的なものだよ。うつ病の症状だ」

医師はこのようにしか言わなかった。

いまならよくわかる。医師は自分にわからないことがあると「精神のせい」にするし、治らないと思うと「難病」と言うのだ。

Episode 33 リアリティのない世界
～呼吸不全の日々3

絶望。毎日毎日、死なない程度に呼吸ができるだけで、数歩歩くと、数百メートル走ったかのような状態。

酸欠が続くと全身の機能が落ちるが、原因もわからず、治る見込みもなく精神的にも追い詰められる。

雨の夜など、酸欠で気が遠くなりながら、一晩中四つん這《ば》いになって苦しみつづけたことも何度もあった。

息ができない苦しさ。地獄だった。

いっそ殺してくれと、当時神を信じていなかったオレが、何度も神やら仏やらに懇願するように祈ったし、毎日自殺することしか考えられなかった。

予行練習のつもりで、リストカットを繰り返し、オレの腕や体は、カッターナイフの切り傷だらけだった。

そんな絶望の中、オレの脳は常に酸欠で、意識は朦朧《もうろう》としつづけていた。薬のせいもあるかもしれない。とにかく、油断すると意識がぼんやりとするのだ。

そのとき見ていた世界。それを「リアリティのない世界」と名づけていた。

世界に奥行きや距離感がなく、まるでこの空間すべてが、一枚の精巧な絵のように見えるのだ。すべてがのっぺりとした二次元の世界。だから、当時は目の焦点を合わせるのに苦労した。

苦しさに耐える日々で、他の感覚が麻痺《まひ》していたのかもしれない。しかし、オレを正気に戻してくれるものがあった。それは「血の色」だった。

ナイフで体を傷つける。痛みは確かにあるのだが、どこか遠い場所で起きた出来事のように、他人事《ひとごと》だった。

しかし、流れる、真っ赤な血の色を見ると「はっ」とさせられるのだ。

血の色を見ると、痛みの感覚に、現実味が帯びてくる。世界に奥行きが感じられる。空間が三次元だと感じられる。

赤という色には、意識の覚醒作用や興奮作用があるとされているが、きっとそれだったのではないかと思うし、何より、流れる血液は、生きている証《あかし》でもある。

死ぬとすぐに、血は固まる。血が流れるという事実で、自分がまだ生きている、いや、生きるに値する存在だと、感じていたのかもしれない。

今度、血を見るときがあったら、よく見てみるといい。**流れる血液。流れる赤。そこには圧倒的なリアルがある。**

オレはそこで再び、世界へのリアルな感触を取り戻し、再びまた、絶望の世界を、手探りで進むのだった。

Episode

34 何かが、見ている

～呼吸不全の日々4

夜になると、息苦しさは増した。

後から知ったのだが「気圧」の問題だった。ただでさえ呼吸ができないので、気圧がわずかに下がるだけで、摂取できる酸素量が減るのだ。

おそらく、誰もが知らず知らずのうちに低気圧下にいるときはそれが起きているのだが、心身に影響を及ぼすレベルではないから感知できないのだ。

だからこの頃は、天気予報を見ないでも天気がわかった。「雨が降るなぁ」とわかるのだ。一番つらいのが台風だ。台風が沖縄あたりにいるだけで、もう関東にも気圧の影響は感じた。

天気が悪いとき、夜になるとかなり最悪な状態だった。明け方になると、多少気圧が上がるが、それまで一睡もできない。苦しくて苦しくて、生きているのがやっとという状態で何時間も苦しみつづけるのだ。

涙を流して、殺してくれと、捨てたはずの神に懇願する。

そこで漫画を読むとか、音楽を聴くとか、気を紛らわせることもできない。全力で、わずかでも酸素を求めて、わずかばかりの息を吸い、吐くことに全身全霊を傾ける。四つん這いになって、息をするだけ。四つん這いの姿勢にならないと、息が入ってこないのだ。

そんな夜を何十回も繰り返し、あるとき気づいたことがある。

自分を、何かが見ているのだ。

それも、自分の内側から、オレを見ている。

頭は朦朧としているときなので、幻覚や妄想といわれてしまえばそれまでだが、オレは確かに感じた。

視線。それは、オレを見ている。オレを、観察している。

それは、なんらかの意思をもった存在だと、すぐにわかった。一瞬、悪霊とか憑《ひょう》依《い》霊とか、その手の存在が頭をよぎったが、それも直感的に「そういう類《たぐい》のレベルじゃない」ということがすぐにわかった。

なぜならそれは、オレの外側の現象ではなく、オレの内部に起きているから。

いや、内部、という表現もおかしいかもしれない。

それは、**自分という器を通して、どこか別の次元、別の領域にあるものだ**。そんなふうに漠然と感じていた。


それに名前をつけるとするなら「静寂」と、オレは呼ぼう。

おそらく、この世界に生きる限り、完全な静寂というものは体験できない。もし「無音」になっても、空気は常に動き、体内では生命活動をしている。そもそも、温度がある限り、分子はすべて振動している。

しかし、その「静寂」はそういう「躁・騒」に対する「静」ではない。対比するものは存在しない、完全なる「静」。

それはまるで、深く、一点の曇りもない、完全に澄み渡った、広い湖のようにも感じられた。しかし、その湖には、わずかな波紋すら起きず、いっさいの動きがない。どんなわずかな振動や、活動もそこにはない。

そんなイメージだった。

しかしそこには、なんらかの「意識」があることはわかった。

意識をもった存在であり、その存在の意識を象徴したもの。

その意識は、苦しみに喘《あえ》ぐオレを、ただただ観察していた。何をするでもなく、ただ、見ているだけ。

オレはそれに気づいていたので、何度か耐えかねて叫んだ。

「黙って見てぃねえで、助けてくれよ!」

あまりの苦しさに、涙とヨダレを垂らしながらオレがそう伝えても、その静寂にはいっさいの波紋は起きず、風も吹かない。チリひとつ動くことはなかった。

オレは何度も、苦し紛れに、その「意識」に助けを求め、時に罵倒《ばとう》し、挑発したが、その静寂は、いつも完全なる静寂だった。

ただ、見ているだけ。ただ、存在しているだけ。

それが、その静寂の在り方だった。それ以上でも、それ以下でもない。

Episode

35 静寂は神。神は自分

東洋医学と出会ったことで、苦しかった呼吸不全の日々が一変した。

整体師から、ずっとおざなりにしてきた「体」のことを教えてもらった。そこで初めて自分の症状がわかり、死にかけているくらい弱っていたことを知った。

薬をやめ、肉体と向き合い、地道に体をほぐしていった。

体が硬直しすぎて、背骨が湾曲し、呼吸をするために必要な神経がブロックされ、呼吸筋肉がほとんど機能しなくなっていたのだ。

時間はかかったが、半年以上かけて、オレは少しずつ呼吸を取り戻した。

薬のせいか、酸欠のせいか、そしてまた、実際にかかっていただろう精神的な疾患のせいか、いつもぼやっとしていた頭が、スッキリとし、世界に輪郭が戻った。もう、苦しくてのたうちまわるような夜はほとんどなくなった。

そして、ふと気づいた。

あの「静寂」は、どこにいったのだろう?

おそらく、それはいまも、いつも、ここにある。そうわかった。しかし、以前のように感じることはできなかった。

健康を取り戻し、生活をたてなおす中でも、「あれは何だったのだろう?」という疑問はなかなか消えず、オレは考えつづけた。

そして、ある結論に達した。

「神だ」

あれは、神だったのだ。神は、オレを見守っていたのだ。

直接手を下さず、オレがこうして復活することを知っていた。だから、ただ見守っていたのだし、あの苦しみを乗り越えてオレが強く成長できるように、見守るしかなかったのだ。

それは「確信」だった。

オレは、幽霊だの、残留思念だの、そういう「目に見えないもの」があるのは知っていたが、「絶対的な神」というのは感じることはなかった。

Episode

36 体と向き合うこと

子供の頃は信じていた。純粋に、大いなる存在を信じていたが、中学生の頃、すべてを否定し、むしろそういう力に対して否定的立場を取っていた。

しかし、自分の内側を通して、あの圧倒的な静寂なる意思を感じて、オレは再び「神」の存在を信じるようになった。

「オレは、守られている……！」

そう思うだけで、どんなときにも「孤独感」はなくなった。一人でいる、ということはありえないのだ。オレにはいつも、神がいるのだ。たとえいまは、はっきりと感じられなくとも……。

その意識は、オレが瞑想によって「ゼロポイント」や「空」を知るまで、10年以上、オレの根底を支えていたものだった。

呼吸不全の間は、体力がないなんてレベルではなくて、ちょっと動くだけで全力疾走したくらいに疲れてしまう。

だからオレは強制的に、体の使い方を意識せざるをえなかった。

もちろん〝そおっと動く〟という状態に近いが、それだけではだめだ。

たとえば、食事のときに「箸を持つ」という動きでさえ、いかに無駄な筋肉を使わないで持つか、を考えないとならないのだ。

座るだけでもそうだ。いかに重力に逆らわず、全身を緩めて座るか。立つ。歩く。すべての動作、所作に、体の力を抜くことを強制的に求められた。

そうしないと、体力を失うのは自分だからだ。

四六時中、体と向き合っているようなものだった。

後からわかったが、それは立派な「瞑想」であった。

そして何より、**体のわずかな変化や繊細な動きを「感じる」ことにより、さまざまな感覚が鋭敏になり、感受性が上がった。**

10代の頃の「霊感」とは違う、もっと研ぎ澄まされた感覚が身についた。自分に対して、世界に対して、人に対して。後のオレが、スピリチュアル関連のセミナーやワークショップで伝えている「感じる＝開く」というシンプルな理論は、こうして自分を通して実験した結果だったのだ。

Episode
37 脈のリズム

病状が悪化していく中、ある作曲の仕事があった。

とある舞台の音響制作。前作は自身も出演して、歌ったり踊ったり、お芝居もしたりして楽しかった。今回もその予定だったが、頼まれていた数曲を仕上げるのが精一杯だった。

出演しないとはいえ、自身の制作した楽曲で、メンバーに歌を覚えてもらうので、稽古の現場に出向いたことがあった。

そこで、舞台女優の人と出会ったのだが、彼女は腎臓の病気を抱えていて、「人工透析」をしていた。

ちなみに彼女に出会うまで、人工透析というものを知らなかった。

透析をするために、彼女は腕の動脈の位置を変える手術をしてあり、腕にはむき出しの動脈があった。そこを怪我《けが》したら、出血多量の恐れがあるというリスクがあるが、仕方ない処置なのだろう。

帰りの電車が一緒だった。きれいな人だった。オレよりは10歳くらい年上だった。

「不思議な音がするんだよ」

彼女は、自分の動脈のことと、その動脈を流れる血の音の話をしてくれた。

「聞いてみる？」

そう言うので、オレは彼女の細い、色の白い腕に耳を当てた。そこで生まれて初めて、動脈の中を血液が流れる音を聞いた。

血液が流れる音がこんなに神秘的で、美しいものだとは……。

オレはただただその美しさに、言葉を失った。

そのリズムに、何より感動した。

当時オレは、ようやく「ブラックミュージック」の、「グルーブ」というものを知

Episode 38

猫になった話

り、リズムの妙に目覚めた頃だった。心臓の鼓動に合わせて、血液が流れるリズムは、原始的なうねりを伴い、オレの体に染み渡った。

そのリズムに気づくと、一気に眠くなった。

電車が空《す》いていたのをいいことに、オレは彼女の腕を枕にして、長いシートに身を横たえた。オレもチアノーゼだったので、とてもつらい状況だったのだ。

しかし、彼女の腕の音を聞いていると、とても癒やされた。

生命の、リズム。

ここには「何か」がある。

そう確信したが、当時はボロボロで、それを探求することも、まして表現することもできなかったが、いまのオレのベースに、生命のリズムは、いつも息づいている。

呼吸不全の頃は、棺桶《かんおけ》に片足を突っ込んでいたようなものだった。だから、じつに不思議な体験をし、不思議な感覚にいつも包まれていた。

壮絶なものから、怖いものもあるが、面白い体験もあった。

それが「猫」になった話だ。

その日、オレは比較的体調がよかった。晴れている日の午後は、呼吸も楽で、陽《ひ》だまりの中、畳の上で本を読み、オレは眠くなったのでそのまま昼寝をした。

当時は、夜がいつも眠れないので、日中はいつも眠くて、こうして昼寝をするのが日課だった。

ふと目を覚ますと、なぜかオレは外にいた。

街の中にある、小さな公園のような景色。見覚えはない景色だった。

自分の視点に違和感があった。位置が低いのだ。自分は確かに起きている。意識は覚醒しているが、視点が地面に近い。まるで、横になっているような。

ふと、手を前に出した。

すると、目に入ったのは、猫の手……。

――あれ？　これは、手でなくて、前足っていうんじゃ……。

と、思ったのも束の間、オレは歩き出した。

オレが歩いているんだが、オレじゃない何かが、オレを歩かせている。不思議な感覚だった。

ただ、歩くだけで、とても満ち足りた気分だった。

うまく言えないが、完璧な気分なのだ。何も不足がなく、何も違和感のない、ただただ、完璧に整った世界。

起きたことだけ書こう。

原っぱがあったので、オレ（？）はその草の上でゴロゴロと寝っ転がった。最高に気持ちよかった。すべてが整っていた。

寝っ転がろうとは思わなかった。ただ、そうしたのだ。そうすることが、もっとも自然なことであり、もっとも理に適《かな》ったことだった。

オレは素早く、非常に素早く、手を振り上げた。振り上げたあたりに、ちょうど虫が飛んできた。虫は飛び去り、オレは手を舐《な》めた。

また歩いた。理由はない。

雌猫がいた。オレはその猫の方に近づき、匂いを嗅いだ。向こうも、オレの匂いを嗅いだ。

オレは、その猫の後ろに回り、おなじみのポーズで、愛し合った。いや、愛し合ったと書いたのだが、半分冗談だ。なぜなら、特にその行為に理由がなかったのだ。ただ、そうなった、完璧に。あまりにも自然に。

すべてが、そんな状態だった。

行為が終わり、オレはコンクリートの上に座った。何も考えていない。オレの思考は完全に消えていたので、オレはただ、猫の自分を、内側から観察しているだけだった。

そして、寝た。眠くなったから寝たのではなく、ただ、寝た。

そして、オレは目を覚ました。オレの姿として、アパートの畳の上で。

「夢……？」

しかしあまりにリアルな夢だったので、目を覚ましてからしばらくの間、自分がどこにいるのかわからなくなった。

後になってから、その夢のことを思い出す。

まず、あれは夢ではない。オレは猫になっていた。そして、あの場所は、そのときから、およそ5年後に住む、練馬区の景色だったのだ。

それにしても、猫の世界は、完璧だった。

たとえば、こんなワンシーンがあった。

〝手を出したら、虫が飛んできた〟

しかし、それを見ていた人間はこう思うだろう。

〝虫がいたから、捕まえようと手を出したのだろう〟

その「ストーリー」は、人間が作ったもので、彼らにはストーリーはなかった。ただただ、完璧だった。きっと、虫の方もそうだった。**すべては「ただ起きている」という、なんとも不思議な世界だった。**後に、スピリチュアルを学び、オレは数々の体験を通して、その世界が何だったのかを知った。

……というわけで、オレは猫のことがよくわかる。

猫が何を考えているかって？

それはね、彼らは何も考えていないのだよ。ただただ、完璧で穏やかな世界の中で、ひとつになっているだけさ。

Episode 39 芳香現象

視覚的に見えるタイプ、声が実際に聞こえるタイプ、体感的に感じるタイプ、直感的なビジョンやインスピレーションが湧くタイプ……。

霊能力でも、第六感でも、スピリチュアル能力でも何でもいいのだが、いろんなタイプの人がいる。そして、それぞれ得意なキャッチ方法がある。

オレは体感が強いが、稀《まれ》に見えたり聞こえたりということもある。そしてじつはよくあるのが「香り」でキャッチするということ。

匂いは、ただでさえ五感の中でも一番「感覚的」な感覚だ。

人のエネルギーから、場のエネルギーから、なんらかの香りをキャッチすることが

ある。かすかで、神経を研ぎ澄ませないと気づけない程度の香りもあるが、稀に、実際の香りと判別つかない密度の濃いものもある。

これは「芳香現象」と呼ばれる。

よく覚えているのが、ひとつは諏訪《すわ》大社の御神体ともいわれる「守屋山」に登ったとき。この山に関しては、いろいろと不思議な話が多いので、興味がある方は調べてみるといい。イスラエルとの関係もあるとかないとか……。

山頂に、守屋神社奥宮という社があり、そこに手を合わせたときだ。

山頂は岩場で、そのときの季節は雪も溶けきっていない春先だった。

目を閉じていると、花の香りが漂った。

おや？　と目を開ける。しかし、周りに、花はおろか、香りのありそうなものはいっさいない。あたりをキョロキョロ見回してから、香りの元が気になり、立ち上がってうろうろと探したが、香りは、奥宮の社の前だけだった。

守屋山には何度も登っているが、その現象は一度きりだ。

もうひとつよく覚えているのが、北海道の洞爺《とうや》湖だ。北海道への帰省の際、妻と息子と父を連れて、洞爺湖の中心部の「中之島」へ行った。

船着場から少し行くと、妻が「百合《ゆり》の香りがする」と言った。

確かに、百合の香りが漂っていた。季節は8月だったが、周りには百合はおろか、花は咲いていない。

百合は、家の周りにも自然に群生していて、秋になると強い香りを放つので、香りはよく覚えている。確かに、百合の香りだった。

息子と父は「言われてみれば……」程度だったが、オレと妻は、かなり強い百合の香りを感じた。

それが何を意味するのかはわからないが、きっとなんらかのメッセージや情報を含んでいたのだろう。

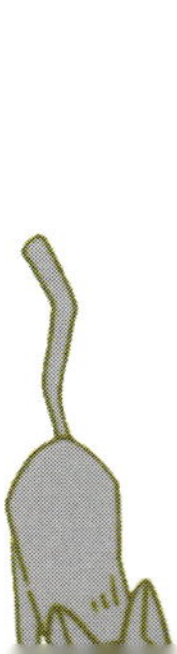

4

不思議な「パラレルワールド、過去、未来」の話

Episode

40 戦国武将の過去生の男

Sさんの人柄を一言で言うと「いい人」だ。しかも「とんでもなくいい人」だ。

「彼はすごくいい人だよ」「あの人はホント優しくて誠実だ」

おそらくSさんを知る誰もが、こう口を揃《そろ》えて言うだろう。オレもそう思う。礼儀正しく、品があり、自然に自分のことよりも人を優先するようなタイプだ。オーガニックな生活をして、服装もナチュラルスタイル。気取るところはない。

しかしオレはある日、彼の物語を見てしまった。

ときどき、オレはそういうことがある。**それが「過去生」というものなのかはわからないが、その人とは「別の人生のシーン」を垣間見《かいまみ》るのだ。**

オレがSさんに見たビジョンはこうだ。

おそらく、戦国時代などといった時代。刀や弓矢で、人が殺し合うことや、殺された死体を目にすることがめずらしくない時代。

Sさんは赤い甲冑《かっちゅう》を着た、おそらくはその軍隊の中でも重要なポジションだった。

しかし、いまの彼とは正反対の性格。それだけでなく、もはや「性癖」ともいうべきか、彼は血も涙もない男だった。

味方には優しく、特に目上の者へ礼節を保ち、風体も貫禄《かんろく》があり、文武両道の、武士としては申し分ない能力をもっていた。

しかし、こと戦争になると、敵には容赦ない男だった。命乞いする人間でも容赦なく切り捨て、女子供にも容赦なく、村丸ごと皆殺しや焼き討ちが常だった。だから彼の戦の跡は、草木一本残らぬほど荒れ果て、悲惨な骸《むくろ》が転がった。

国に仕えるお坊さんがいた。そのお坊さんは、国の大名にも得度を許すほど身分の高い僧。そして、いつも彼の所業には胸を痛めていた。もしかしたら……それはオレなのかわからないが、そのお坊さんの記憶も見えた。

「そのようなことをするのは、およしなさい」

僧侶は彼に優しく諭した。

目上の者の話はよく聞く彼は、僧侶の話に耳を傾けた。

しかし、戦になると血が騒ぎ、大勢の叫び声を聞き、大量の血を見、徹底的に敵を殲滅《せんめつ》させるまでそれは収まらなかった。僧侶も、彼の業を救いたかったが、あくまでも僧籍の身なのでそれ以上は何も言えなかった。

基本的に、オレは誰かの過去生らしき物語を垣間見ても、話すことはほとんどない。あらぬ誤解を招くこともあるし、「特別な能力」があると思われることも嫌だった。

しかし、ときどきあるのだ。「伝えたい」という衝動にかられることが。

そういうときは伝えることにしている。「伝えることに意味があり、必要があるのだ」と、誰かが言っていた気がするのだ。

それでもさすがに、温厚で、誠実で、菜食主義の心優しいSさんに伝えるべきか迷った。「不快にさせやしないだろうか？」という思いがよぎったが、結局、うまい具合に二人で話す時間ができ、迷った挙句伝えた。

Sさんはしばらく黙り込んだ。

「いや、気にしないでくれ。オレの妄想かもしれないし、仮にそうだとしても、君の人格とは関係ないから」

ショックを受けているのだろうと思い、オレはそう伝えた。確かに、いまの彼の人格と、過去生の人格は関係ないのだ。

彼はオレに伝えるというより、独り言のようにつぶやいた。

「ああ。なんかとても納得がいきました。そういうことだったんだ……」

彼は自分のことを話してくれた。

「じつは僕、ときどき怒りにかられるんです。カッとなることもあるんです」

「まあ、そりゃ誰だってありますよ」

「腹が立って、『誰かなぐりたい』と思ったことありますか？」

Sさんがオレに尋ねた。

「そりゃもちろん。何百回も何千回もあるし、実際行動に移したこともありますよ」

オレは事実を述べた。

「ええ。男同士なら、よくそんな会話しますよね。『ぶんなぐりてえ』とかって。でも、僕は違うんです」

「違う……？」

『たたっ斬りたい』って、とっさに思うんです。自分が剣を振り下ろして、目の前の相手をぶった斬るイメージが湧き上がるんです」

「うーむ」

オレは、なんと答えてよいのかわからずうなった。

「子供の頃からです。カッとなると、金属の鋭い刃物で、相手の体や脳天をたたき斬るイメージが湧くんです。僕は自分で、それが不思議でなりませんでした。どこかおかしいのではないのかと、本気で悩みました。いまでも、どうして自分はそんな残酷なことを思いつくんだろうって、嫌になることがあるんです。もちろん、そんなことしたいわけないのに……。でも、きっと過去の記憶が染みついているのですね。ありがとう。理由がわかって少しほっとしました」

それでも、彼にいつもの笑顔はなく、ショックを受けている様子だった。

「ただの思い癖だから、それに気づけばきっと変わると思うよ」

そう伝えたが、気休めにもならないような気がした。伝えるべきではなかったのかもしれない。そう思った。

しかし、その数週間後に会ったSさんは、いままでに見たことないくらいの晴れやかな顔つきだった。

「いやー、この前の話を聞いてから、すごくいいことを思いついたんです」

ニコニコしながら、明るく話す。

「薪割《まきわ》りにハマっています！　すごくスッキリするんです」

彼の話はこうだ。薪割りでオノを振り下ろすときの動きがとても気持ちよく、薪と一緒に、自分の心のしこりも割れていくような、そんな清々《すがすが》しさがあると。

しかも、Sさんはちょうど薪ストーブのある家に引っ越した後だったので、薪割りの仕事には事欠かない環境を手に入れていた。

「知ってよかったです。薪割りで発散していると、あまり腹が立つことがなくなりましたし、以前のビジョンが湧くことがなくなりました」

正直よくわからないが、彼があんなに喜んでいるのだから、それは「よかった」ことなのだろう。

それにしても、薪割りで、過去の業を断ち切ることができるなんて、オレ自身も思いもよらぬ結末だった。

彼はその後も、穏やかに暮らしている。

Episode

41 ホテルでパラレルワールド

オレは、いまあちこちでセミナーやイベントをやっているし、旅も好きだ。

こう頻繁にホテルを利用していると、泊まったホテルの部屋の番号などまったく覚えられない。

最近のカードキーは、カード自体に番号記載がないホテルも多いので、番号が書かれた用紙をなくすと、部屋に戻れなくなり、「番号がわからなくなりました」とフロントに尋ねたことは何度もある。

しかし、そのときのホテルの部屋の番号はよく覚えている。「３１５」。

勝手な語呂合わせだが「３１５（さいご）」とも読める。

以前、母の入院していた病室がこの番号で、なんとなく嫌な感じがしたのだ。別段何も起こらなかったが、そのときのことをよく覚えているので、今回は部屋番号をすぐに覚えられた。

夕方にチェックイン。しばらくして、外食に出かけた。

居酒屋でビール1杯と、日本酒をグラス1杯飲んだ。

そして、部屋に戻るのだが、315のカードキーが反応しない。

どうしたのだろうと、不思議に思い、ポケットの中の部屋番号が記載された用紙を手に取った。

「304」

こう書いてある。おかしい。

さっきは、確かに315だった。部屋もこの場所だった。

試しに304の部屋にカードキーを押し当てると、ドアは開き、中には自分のスーツケースが、先ほど開いた状態で置かれていた。

狐《きつね》につままれたような……とは、まさにこういう感じだ。酒は強くはないが、思考が乱れるほど酔ってはいない。

じつはここ半年くらい、こういうことが多いのだ。自分の身の回りに。

記憶と現実が、違うのだ。

オレはこれを「パラレルワールド」だと思っている。

何かの拍子に、違う並行現実に紛れ込んだのだ。

普通は、即座に別世界での記憶は消去され書き換えられる。だがオレは何のタイミングか、かすかに覚えていた。

しかし、ここの住人は、この並行世界の住人なので、自分の違和感を語ることは、意味がない。だから、ただ一人でこの不思議な出来事を噛《か》み締め、こうして書き記すことしかできないのだ。

しかし、詳細に、詳細に……自分の記憶をたどると、その兆候というか、「境目」を越えるときに、独特の「歪《ゆが》み」や「時空のズレ」のようなものが思い出せる。一瞬、**自分を囲む景色が、陽炎《かげろう》に包まれたような、そんな感覚があるのだ。**

ちなみに、このときはほろ酔いだったせいかわからないが、まったくその兆候を思い出せなかった。

Episode

42 過去生のビジョン

「大きくなったら何になりたい？」

最近の子育て事情はくわしく知らないが、昔は定番の質問だった。

物心ついたときから、オレは周りの大人からのその質問に対して、こう答えた。

「お坊さん」

大人があまりに唖然《あぜん》とするので、「これは言わない方がいいな」と、途中から両親以外には、それは言わないことにしていた。


オレには物心ついたときから、はっきりとビジョンのようなものがあった。

人里離れた山奥の、雪のしんしんと降る、古いお寺で、一人で暮らし、粥《かゆ》をすすり、黙想にふける日々。

そんなイメージがあまりにはっきりとあり、オレにはそれが「かっこいい」ものだと思っていた。事前情報もない中、はっきりとその映像をイメージできた。

その後、テレビか何かで見た「お坊さん」や「修行僧」が、かなりそのイメージに当てはまったので、オレは迷うことなく「大きくなったらお坊さん」と答えていたのだ。

考えられるのは「過去生」の記憶なのか、もしくは、そういう古寺に住んだ孤高の僧侶の思念を、たまたまキャッチしたのか。

人は往々にして、自分が学んだこと、知り得たこと以外にも、**そういう古い、古い記憶が、今世でも、思わぬ思考や趣向の癖に繋《つな》がっている場合もある**のかもしれない。

Episode 43 ドッペルゲンガーの夢

オレは昔から自称「夢人間」というくらい、よく夢を見るのだが、呼吸不全で苦しんでいるときは、定期的に「自分に会う夢」を見ていた。

しかも大抵、ろくな夢ではない。

あるときは渋谷のセンター街を歩いていると、チーマーふう（当時はまだそういう輩《やから》がいたのだ）な風貌の、ガラの悪い集団がいた。

そこには、〝オレ〟がいた。

オレはそこに通りかかり、

「あれ？　オレがいる？」と不思議がっていたら、

「おい！　てめえ何さっきからジロジロ見てんだコラ！　まじで殺すぞ！」

と、自分自身からすごまれるのだ。

しかも、それがかなりの迫力で、強そうというより、「何をしでかすかわからない」ような怖さをもっているのだ。そのオレ自身が。

そのように、頻繁に、自分自身に出会った。

他にも、爆弾テロを仕かけ、それが失敗して、どこかの学校のような建物に立てこもり、銃でこめかみを撃ち抜いて死ぬ自分（見ているオレはいったい誰なのだろう？）とか、とにかく出てくる自分はどれもひどい生き様。


当時、付き合っていた彼女は「夢占い」の本をもっていた。

それも、普通の女の子が好むような優しい占い本ではなく、分厚い事典のような、フロイトがどうの、ユング的な視点ではどうの、占星術ではどうの、霊的にはどうの……と、かなり複雑な本。心理学がベースだが、スピリチュアル的な要素もあった。

それで「自分自身に会う」という項目を読んだ。

すると、こんなようなことが書かれていた。

「夢で出会う自分は、あなた自身のドッペルゲンガーであり、あなたはそれに出会うことは大変危険であり、あなたの内面で二重人格になっている状態です。すみやかに精神科医に相談して対処してください。最悪の場合ドッペルゲンガーに意識を殺されてしまいます」

二人して絶句。やはり自分がのっぴきならないことはわかった。

当時すでに心療内科に通っていたが、それが「すみやかに精神科医に相談し……」に当てはまっているのかどうか謎だったし、どうすることもできなかった。

そして、確かに健康を取り戻してからは、そんな夢は一度も見ていないので、やはり夢で自分自身にばったり会って会話をするなどというのは、精神的にかなり不健康だったのだろうと思う。

Episode 44 ベガの白龍

オレは2013年に、東京から八ヶ岳山麓へ移住した。

都会生活に嫌気がさしたのと、健康オタクが極まり、自分で自然農の米・野菜を作り、自給自足の田舎暮らしをしながら、のんびりと小説でも書いて暮らそうと思ったのだ。いまのように、ブログやセミナーで、スピリチュアルメッセージを伝えたり、やめていたはずの音楽業を再開したりするなんて夢にも思っていなかった。

八ヶ岳界隈《かいわい》は東京も近く、移住者が多い。だから、いろいろな感性をもった人がいて、それこそスピリチュアル系統の人は多い。かなり有名な人から、知る人ぞ知る、ぶっ飛んだ能力者もいる。

その女性は、ぶっとんだ能力者で、かつ知る人ぞ知る方。その人に初めて会ったときのことだ。当時のオレは、別にさほどスピリチュアルなことに興味があるわけではなかった。しかし、その人はオレに会うなりこう言った。

「また会ったわね。ベガの人はよく八ヶ岳に呼ばれてくるのよ。それにしてもあなたはいつもこういう時代ばかり選んでやってくるんだから。困った子ね〜」

考えてもらえばわかるが、初対面の人からいきなりそんなことを言われると、「この人、どっかおかしいのではないのか？」と、疑うに決まっている。

彼女が「その手の人」だという事前情報は知っていたが、まさかここまでぶっ飛んでいるとは思わなかったので、正直〝ドン引き〟した。

しかし、オレのそんな思考と、オレの体の反応はまったく違ったものだった。

涙が、あふれ出すのだ。

なぜだかわからないが、涙があふれ、止まらなくなり、嗚咽《おえつ》し、そこにひざまずいた。人前でそこまで激しく泣いたことなど後にも先にもない。

「ベガの白龍《はくりゅう》なのよ？　忘れちゃっているだろうけどね。もうずっとずっと昔のことだからね」

そう言い、女性はオレの頭をなでてくれた。ものすごい懐かしさに包まれ、オレはますます、幼い子供のように泣きじゃくった。ひとしきり泣いて、すごくスッキリしたのを覚えている。そして、いろいろと聞いてみた。

彼女の言う話では、オレの魂のルーツはこと座の「ベガ」にあって、白龍の化身だそうだ。人間としては、お坊さんと芸術家しかやってきておらず、なんらかの大きな「転機」のときに生まれてくるらしい。

それが本当かどうかということより、オレは彼女と会ったことで、**自分の魂というか、本質的な部分において大事なことを思い出した**ような気がした。

実際その女性はなかなか会える人ではない。彼女自身も特に個人的に人に会うわけでもない。

しかし、オレと、オレの妻は、その後も何度もばったりと、行った先のカフェや、ちょっとした買い物先で会い、いろいろと話をした。

毎回常識では計り知れないことばかり言うのだが、オレは彼女からのメッセージで、たくさんのことを思い出したのは間違いない。

ちなみにこれは余談だが、オレは子供の頃「星」が大好きで、星座好きだった。夏の夜空にひときわ目立つ、こと座の「ベガ」は、オレの一番のお気に入りの星だった。もしかしたら、遠い、遠い……魂の故郷をそこに感じていたのかもしれない。

Episode 45 アトランティスの記憶

我々が学校で習った歴史は、一番古い文明でシュメール文明が、紀元前４０００年。それ以前は何万年も、我々人間は、自然の中で石の槍《やり》やオノを持ち、マンモスを追いかけ狩猟生活をしていた……とされる。

しかし、そろそろその常識も限界だ。なぜなら、調べれば調べるほど、もっともっと古代に文明があったことが明らかなのだ。

ムー大陸やアトランティスなど、これをただの「トンデモ話」とするのが一般常識だが、オレはそれらのトンデモ説を深く信じている。

なぜなら、記憶があるからだ。

もちろん、すべてを覚えているわけではない。断片的な記憶だ。

ただ、明らかにいまの文明とは違い、システムも、科学、生活様式もまったく違う社会があり、オレはそこで生活していたのだ。いや、〝オレ〟ではないのかもしれないが。

それが正確に「何年前」とはわからない。おそらく、レムリア文明後期か、アトランティス文明の比較的前期か中期だと思う。その後、裏をとるために、その手のスピリチュアル系の本をたくさん読んだが、おそらく1万3000年より前の話ではないかと思う。それか、1万年くらい前のエジプトの文明かもしれない。

その文明は「**女性**」**が社会を作る文明**だった。

この数千年、男性が社会を作り、男性優位で、男性原理の世界を作ってきた。いまは男女平等だが、社会システムの多くが男性性による仕組みだ。

しかし、昔は女性による統治、仕組み作りの文明があったのだ。

そこでは、女性の方が身分は高く、男の身分は低かった。

オレの覚えている記憶は、そんな時代だ。

男は主に「労働力」と「種馬」としての役割で、社会的な地位はなかった。

政治は、女性神官によって行われた。神がかった女性の神官たちによる、神託のようなインスピレーションを下ろし、それで社会を運営する。

いわゆる、我々の知る「科学」ではない、別原理の科学があり、それは高度で、発達していた。

オレは子供の頃から、その神殿で奴隷として働いていた。

国を統治する神官の女性たちは、いろいろな人がいたが、中にはオレに虐待をする女性神官もいたし、男のオレを虫けらのように見下す女性たちが大半だった。仕方ない。男は身分が低かったのだ。ましてオレは奴隷だった。

オレは少年になると、性的奉仕もしていたようだ。しかし、相変わらず身分は低い。一部を除き、多くの女性たちは、いまの世の女性たちと同じように、気分屋で、感情的で、八つ当たりも平然とあった。その八つ当たりを受けるのは、男だった。

女性原理の社会自体は、基本的にとても平和だった。大きな争いはなかった。それは、とてもとても平和だった。大きな暴力的な支配もなかった。

しかし、常に支配と被支配の関係があり、不平等であり、システムが絶対的であり、彼女たちの言う「神」が絶対だった。

オレは思った。

――滅んでしまえ。

そう願ったし、そうなるだろうと、なんとなく思っていた。

やがて、その文明は滅んだ。途中からさらに男性原理が台頭し、科学も発展し、所有概念が増し、人々は女性的な心の繋がりをどんどんなくしていった。

我々が育った時代は、男性的な原理の極みだった。しかし1960年代後半のウーマンリブから、女性の権利が主張されるようになり、先進国ではシステム的には平等に近づきつつある。だが、**この男性原理とか、女性原理とかではなく、根本的な統合がない限り、人類はまた同じ轍《てつ》を踏むだろう。**

それでもいまは、まずは女性性を思い出す必要はある、と感じている。

Episode

46 不思議な予感と並行世界

オレは「子供などいらない」「結婚はしない」と、友人にも話したことがあるくらい、その願望はなく、むしろ「恐れ」があった。

自分が精神的にも、肉体的にも欠陥だらけだと熟知していたので、誰かと家庭生活を営んだり、まして親となり人を育てたり、などできるはずないと考えていた。

しかし、別の「予感」もあった。

――オレは20代のうちに親になるのだろう。

それは、数年前からずっと感じていた。なぜだと言われてもわからない。そもそも、予感なので理由などない。やはり、呼吸不全で一度死ぬ思いをしてからだろう。

だがそれまで、じつはずっと別の予感があった。

それは「自分は35歳で死ぬだろう」という予感だった。これは高校生から思っていた。絶対そうなると、確信すらあった。

しかし、それは病気が治った頃に、なくなっていた。代わりに「20代で親になる」という予感に変わった。

並行世界やパラレルワールドのことを知るとそれがわかる。

オレはかつて「35歳で死ぬ世界」を生きていたのだ。

でも、その次元から、35歳では死なない世界に来た。そして、そこは「20代で親になる」という世界だった。

そこでさらに「子供が二人いる」という並行世界も存在していて、オレはその世界も「夢」という形を通して垣間見ている。でも、何かの拍子に、オレは子供が一人の世界に来た。

我々の意識の数だけ、並行世界はある。

そして、**じつはその移動は、定期的に起きているの**と、オレは仮説を立てている。

光の当たる角度、つまり見る角度によって、図柄が変わる「レンチキュラーカード」というのを知っているだろうか。

この世界はそんなそのカードに似ていると、あるとき思った。もちろん、何も見えない角度もあるというのがポイントだ。

スピリチュアルを学び、人生に役立てるというのは、その世界をいかに自分の作った「良質」で「面白みのある」角度で見て、体験するかということかもしれない。

Episode
47 並行世界と富士山

オレはずっとテレビを観《み》ないように努めていた時期があり、その頃はもっぱらインターネットを使って、世界の情報を集めていた。

健康に関することも追求すると、食、医療などから、自然と「陰謀論」と呼ばれるジャンルに行き着き、都市伝説的なものにもくわしくなる。

だから、大きな災害（人為的なものも含む）に対する恐れはあった。

オレが一番危惧していたのは「富士山」だった。

2012年という年は、「マヤ暦がどうのこうの」「誰それが何を予言している」と、スピリチュアル業界や都市伝説業界で何かと騒がれていた転機の年だったが、オレはやけに富士山の動向が気になった。

なにせ、オレはそんな夢を見てしまったのだ。

練馬区の自宅から、遠くに巨大な「火の柱」が立つ夢だった。

方角的にはそっちの方向は富士山ではないが、ニュースでは「富士山が噴火した」と言っていて、その余波で、あちこちで噴火や大地震が起き、世界が滅びる……という夢だった。

かなりリアルな夢で「予知夢」的な気配は濃厚だった。

しかし当時からそれは「ひとつの並行世界」だということは知っていたので、問題は、**どうやってそのタイムラインとは違う並行世界を体験するか**だった。

可能性として、その世界は実際に存在するのだ。

とりあえず、妻に話したり、当時書いていたブログ（いまはもう削除してある）に書いたりした。

内側に溜《た》めず、外に出すことで、集合意識に訴えかけ、タイムラインと見ている世

界のチャンネルを変えることができる。 なぜかスピリチュアルをさほど学ぶ前だったが、漠然と知っていた。だからオレはその手の夢を見たり、ネガティブな予感をキャッチしたりすると、すぐに外に出すようにしている。

だが、富士山噴火のシナリオのタイムラインは多く、オレはその後も2回、リアルな予知夢を見ている。そのたびに、外に出す。

もし、これを読んだあなたが、予知や予感を含んだ夢を見たら、もしそれが恐ろしい世界のものだったら、早々に誰かに伝えることをおすすめしよう。

しっかりと意識の外に出して、「違う未来を選択する」という意思を明らかにするのだ。そうすると、その並行世界とは違うチャンネルを選ぶことができる。

え？　もしもいい夢や、よい予感があったら？

そう、それはひっそりと、胸に秘めておくこと。

そして、忘れること。それが、その世界を楽しむコツかもよ。

Episode
48 過去生を浄化する

「過去生で、何度もうまく行きかけたときになって殺されているのよ。しかも身近な人に裏切られて。だから、成功するのが怖いのよ」

スピリチュアル業界では有名な某女性に、こう言われた。自分のビビリな性分を言い当てられたのだ。

びっくりした。実際に、自分自身が何度もそういう過去生を、ビジョンで見たことがあるからだ。

瞑想《めいそう》中などの意識状態のときはもちろん、旅で行く先々で、そういう場面に唐突に出会うこともある。

奈良県の飛鳥《あすか》地方へ、友人と行ったとき。唐突に、とある寺で思い出した。

「あ、オレは逃げてきて、ここで匿《かくま》われた……」

不思議なもので、そこに立ち、そのエネルギーに触れた途端に、一瞬のうちに「知っている」という状態だ。

当たり前の「記憶」として、それを保持している状態になるのだ。**エネルギーとは「情報」の性質があり、一瞬でダウンロードされる。**

その記憶では、オレは皇族で、身分の高い皇太子か何かだったようだ。しかし、相続争いに敗れた。いや、オレ自身は争いたくはなかったのだが、一方的に恨まれていたようだ。

ちなみにこちらには正当な立場も、実力も、人望もあった。しかし、裏切られたのだ。そして、ここで匿ってくれたのが、一緒にいた友人だった。

この例でもわかる通り、いま身近にいる人というのは、ほぼ確実に今世だけでない長い関わりがあるということだ。その女性もまた、スピリチュアルに精通した人で、同じようなビジョンを見ていた。

我々は奈良のその土地に行ったことにより、その当時のなんらかの「残留思念」に出会い、ビジョンや情報をインストールした。

そして、いまこうして、幸せに生きる自分を見せることで、その思念が浄化され、消えていったことを感じた。

なるほど、自分があちこち旅をするのはこういう理由なのかとわかった。

他に中国でも、同じような記憶があった。やはり王子で、跡取りの王子だったが、祭りの最中に、王族のパレードのような催しで、輿《こし》の上にいるときに、少し離れた民家の窓から弓矢で撃たれた。

その犯人が誰か、死ぬ間際に気づき、絶望しながら死んだ。ちなみに、その王子は音楽が大好きで、王子のくせにいつも歌ったり、楽器を弾いたり、踊ったりしていた。うん。いまとあまり変わってないな。

他の過去生のエジプトでも、ほとんど同じ。王位継承者でその実力もあった。しかし、相続争いの陰謀で、命を落としたり、幽閉されたりする。いつだかの瞑想合宿で、腹の中の氷の塊を感じながら（Episode 62）、そのビジョンもたくさん見た。

もちろん、それらはオレの妄想といわれればそれまでだ。しかし、自分は確実に、その記憶に出会い、感じ、浄化することで、いつも体や心が軽くなる。

Episode
49 縄文時代のビジョン

信州安曇野《あずみの》に「大王わさび農場」という観光地がある。文字通り、大規模なわさび農場だ。

その敷地内に、大王神社という神社と、大王窟という岩屋がある。ここは、8~9世紀にこの地を治めていた八面大王の胴体が埋まっているとされている。

朝廷側からは、この地を荒らす「鬼」として描かれて、軍が送られ成敗されているが、それはすべて勝者の理屈だ。勝てば官軍。

地元の伝承では、正反対だ。突然やってきて侵略してきた「米を作る人々」に対して、狩猟民族で、昔ながらの生活をしていたが立ち上がり、侵略に対して戦を挑んだ英雄だ。

諏訪《すわ》などでも、そういう伝説がいくつかあるが、おそらくは、大和朝廷の全国支配に向けた侵略があったのだろう。この地にはもともと、大和とは違う文明が栄えていたのだ。信州は縄文遺跡が多い。オレが現在暮らしている諏訪地方から八ヶ岳付近は、遺跡だらけ。

きっと安曇野も、縄文時代から続く、穏やかな歴史が続いていたのだ。

あるとき、家族で安曇野へ行き、大王神社の境内でオレは一人瞑想をしていた。

そこで不思議な映像を見た。

まるで意識だけがタイムスリップしたかのように、同じ場所だが、違う時代にいた。周りは、森と山しかない。かなり古い時代だ。

太鼓のような、打楽器を打ち鳴らす音楽。男たちが楽器をたたき、歌う。歌といっても、かけ声のような。しかし、聞いたことのないような音楽。穏やかだが、力強い。

女性たちが踊る。

女性の服装が印象的だった。スケスケなのだ。裸の体に、薄い布を巻きつけ、踊りに合わせその布も一緒に踊る。服の他に、貝や石で作ったアクセサリーもつけている。

男たちも半分裸だった。どうやら彼らにとっての「衣服」とは、身を隠すものではないのだ。裸が恥ずかしいというものではなく、寒さから身を守るものでもない。衣服は、純粋に美しさを体現するための衣装。

踊りはとてもセクシャルな動きも多く、薄い布がひらひら、くるくると空間を舞う姿は、それはそれは美しい。身体能力は高い。アクロバティックな動きが時折見えるが、中国雑技団のような、人間離れしたような技はない。ただ、一つひとつの動きが洗練され、切れ味があった。

そこにあるのは「調和」だった。

完全に、彼らは調和した世界に生きていた。

男女の関係も、いまとは随分違った。役割があるが、それは仕事だの狩りだの、子育てだの家事だの、そういう分別ではない。

すべてが調和の下に、合理的に、平和的に流れていく世界だった。なんと居心地のよい世界だろう……。

そんなビジョンを一通り見た後で、再び現実に戻る。そのビジョン自体は、こちらの世界では一瞬だったかもしれない。しかし、あの調和された空間を、間近で眺めていたような、そんな体感がある。

縄文。謎に包まれたその社会。我々日本人の原風景が、そこにある。

Episode 50 現実世界のドッペルゲンガー

呼吸不全やうつで、心身共におかしくなっていた頃、夢の中で自分自身に会うということが頻繁にあった（それも、すべてロクでもない自分だ）。

それをきっかけに「ドッペルゲンガー」という存在について知った。しかし、実際にいるのではないのだろうか？　と、思っている。

夢の中では飽き足らず、どうやらオレの分身なのか、オレ自身は、この現実世界もうろうろしているらしいのだ。

「先週新宿にいたよね？　声かけたんだけど気づかなかった？」

ある日、友人に会ったときに、そんなことを言われた。話を聞いてみると、オレが

新宿の街中にいて、少し遠くから話しかけたが無視された、らしい。

しかしその日のその時間は、オレには確固たるアリバイがあった。

「いや、それはないよ。だってそのときバイトしていたもん」

「えー？　おかしいなぁ。絶対間違いないんだけどなぁ……」

最後までその友人はオレの言うことを信じきれていなかった。

そんなことが、じつは5、6回はある。

「池袋にいたよね？」

「渋谷のマックで見かけたよ」

「銀座のホコ天歩いてましたよね？」

大抵、その辺の繁華街であり、確かに自分に縁のある街だった。

しかし、それはオレじゃない。

オレ自身、オレの顔はさほど個性的でもないと思っているので、

「見間違いだろ？」

と言うのだが、相手は「絶対間違いない」と言い張った。

いつかオレ自身が、そいつに出会うことがあるのだろうか？

喫茶
パラレル

一人で都内をぶらついていると、たまに思うこともある。
会ってしまったら、どちらかの存在が消える、という噂《うわさ》だが、真相はいかに。

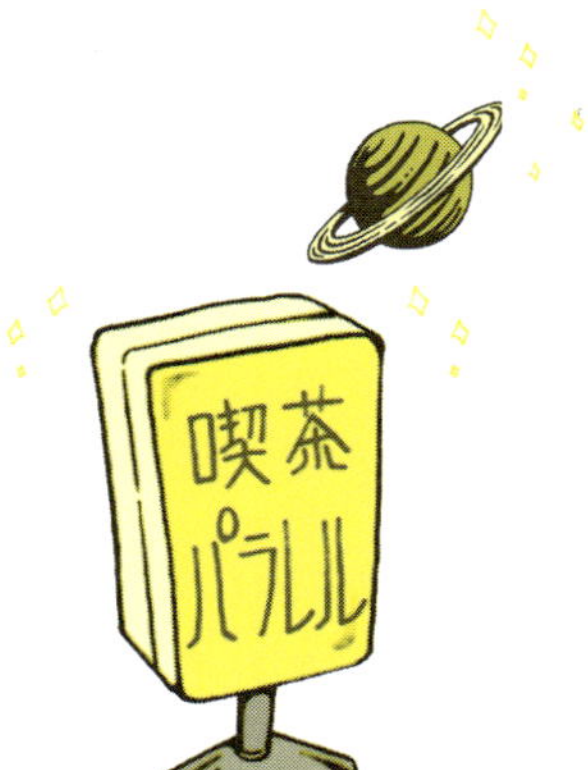

5

不思議な「覚醒体験」の話

Episode

51 瞑想のマントラ伝授会

～覚醒の瞬間、何が起こったのか？ 1

ずっと、毛嫌いしていたスピリチュアル業界。しかし、スピリチュアルと離れていた10年の間に、堅苦しさや、クソ真面目なふわふわしたスピリチュアルとは変わっていた。いわば「ニュー・スピリチュアル」とも呼べる、笑いあり、おふざけありの、楽しく遊びながら学べるエンターテインメント性のあるものへ変わっていた。

ちょうど、自分を変えるべく、心理や脳科学、自己啓発的な分野のことを積極的に学んでいた。

そこから、いろんなスピリチュアル業界の有名人を知り、瞑想《めいそう》に興味をもった。

２０１５年の1月。とある瞑想法の「伝授会」に行った。

もともと、独学で「坐禅《ざぜん》」をしていた。師はいないし、自分の集中力ひとつだ。

それが「マントラ」というものを使うことにより、誰でも「空」の境地にたどり着けると、書かれていた。

——これは……気になる。

坐禅やなんらかの精神修養を志すものには、いわば「悟り」ともいえる「空」の領域は、あこがれの境地。そこに、マントラさえ使えば誰でも行ける？

そのマントラの伝授料金は数万円もした。もちろんその後、もっと高額な自己投資をしているが、当時の自分には「物質」でもない、まして「資格」などでもない、完全な「無形」の「学び」に対して、その金額を払うというのはかなり冒険だった。しかも、場所は東京で、宿泊もしなければならない。交通費と宿泊費や食費も合わせればさらにかかる。

しかし、兄の残してくれたお金があったから、オレは思い切って、その瞑想を受けてみることにした。

いままでの坐禅から、さらに一歩深く、精神的に入り込み探求したかったし、何よりそれによって、自分の人生に変革が訪れるかもしれないと期待した。

どうせやるなら、最大限の効果は欲しい。貪欲に、マントラの瞑想に臨もうと、瞑想を受ける前日から、ファスティング（断食）していった。

山にはよく行っていた頃だったので、**空腹時の方が何かと神経が研ぎ澄まされる**のを身をもって知っていたからだ。

空腹もなんのその。期待に胸を膨らませ、オレは都内某所のとあるマンションの一室で、その瞑想のマントラ伝授を受けたのだった。

そこで、思いもよらないことが起きた。

Episode

52 期待を手放す

~覚醒の瞬間、何が起こったのか？ 2

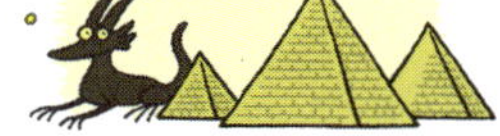

瞑想の伝授が始まる。まず、女性の指導者から「プージャ」という、ヒンドゥー教の儀式を受ける。そのために、参加者は果物を持ってくる。カフェインを断つようにもあらかじめ指示を受けている。まあ、オレの場合はカフェインどころか、食を断ってきているのだが。

儀式は神聖、かつ厳かに行われた。マントラを伝えられ、そこで初めてマントラを使った瞑想に入る。

そこでの瞑想は30分。ちなみに普段は、10〜15分の坐禅だった。だから30分は初めてだった。

とても心地よく、瞑想ができた。初めて人から誘導してもらう瞑想。

しかも、ハートチャクラから、意識が「空」に入るというマントラを授けられた。

そして、ヤントラという図形を見せられ、深い深い瞑想から……意識は宇宙の真理に……。

「チーン」という音が響き、瞑想は終わった。

——え？　終わり？

確かに、30分があっという間に感じられる、非常に心地よい瞑想だった。だが、このくらいの感覚は、いままでも何度も経験している。

——これが、空？　色即是空の空？　あの悟りを開くときの空？　え？　え？

マントラ伝授は、終わった。一言で言うと、がっかり、だった。

その瞑想の指導者に腹を立てたわけではない。自分自身に腹が立った。

そんなうまい話あるわけないよな……。見てみろ。全員、普通にポカンとしている。誰も悟りを開いたとか、覚醒したとか、そんな雰囲気は微塵《みじん》もない。

〝誰でもマントラで空の領域に〟

そんな宣伝文句を鵜《う》呑《の》みにして、わざわざ交通費をかけ、マントラの伝授料の数万円もかけ、ただいつも通りの瞑想。オレの人生、ここまでがっかりし、自分を責めたことはないかもしれない。

――ああ、今日は遅いから、もう家には帰れない。とにかく、早く家族に会いたい。八ヶ岳の山々を眺めたい。

がっかりして、とにかくこの場から出たいと思っていたのだが、なんともう一度瞑想をするという。今度は男性の指導者（有名な方だ）が来て、誘導瞑想を始めた。

正直、うんざりだった。

さっきも30分も座っていたのに、またさらに30分も瞑想をするというのだ。マントラだかなんだか知らないが、別に普段からそれくらいの瞑想状態には入れる。

ちなみにいま現在のオレだったら、こういうときは、人の気持ちや場の空気より、自分の居心地を優先させる場合も多いので、たぶん帰っていただろう。

しかし、当時はそんな選択肢は思いつかず、みんなが座って瞑想するのだから、オレ一人だけ抜けるわけにもいかず、空気を乱したくないという半ば「付き合い」気分で、瞑想を始めた。
12、3人の人数で、オレと同じようにいろんな期待を込めて、瞑想をしに来ている人たち。オレもその一人として、2度目の瞑想をするべく、目を閉じた。

Episode 53 自分が、いない
～覚醒の瞬間、何が起こったのか？ 3

うんざりしながら、瞑想をする。
先ほど習った手順を踏んで、マントラや、ヤントラという図形を見て、瞑想へ。
しかし、瞑想が始まってすぐに、オレはただならぬ事態に気づいた。

いや「オレ」と一人称で便宜上書いているが、その「オレ」がいないのだ。

自分という存在が、いないのだ。

理解してほしいのだが、言語化が極めて難解な感覚を、こうして文字にしている。とにかく、自分という「個人」がいない。普段常に意識している、自分とか、私とか、オレという個人感覚がないのだ。

普通は、自分と、自分以外という境界線がある。

それは肉体的な皮膚感覚であったり、目など五感の届く、感覚的な範囲だったりするが、確実に、自分を認識できる境目があるはずだ。しかし、このときは、自分と、自分以外に境目はなく、「自分という存在=世界のすべて」だった。

瞑想中だが、オレはその異常事態に思わず目を開いて、部屋を見回した。

視覚的には、瞑想指導するティーチャーと、同じ受講者が十数人いる。

だが、**人の形をしているのはわかるが、そこには誰もいないのだ**。個人がいないのだ。強いていえば、彼らも「自分」だった。

そして、さらに驚くべき事実を知ってしまった。

世界は、いや、宇宙は、完全に、「ひとつ」のものでできていた。

いままで「自分」と思っていた存在も、そこに含まれているにもかかわらず、勝手にその「ひとつ」から、意識的に切り離していたに過ぎなかった。目の前に座る人々も自分自身だった。同じ「ひとつ」のものだったのだ。

なんたることだ。スピリチュアル系の書籍や、ブログなどを読み、そういうものだと、知識的には知っていたが、それは事実だった。

世界はひとつだった。

ワンネスだった。

そして、この宇宙が存在する理由。なんと、「意味がなかった」のだ。

この宇宙は、ただ、存在していた。

しかし、一応「オレ」という自我は残っている。非常に曖昧模糊《もこ》な感覚であり、オレ、というより「これ」としか認識できないが、一応自我の認識がある。

そして、オレの自我はその事実に対して、笑うしかなかった。

しーんと静まり返った瞑想会で、一人で、腹を抱えて笑っていた。

だって誰もいないのだ。確かに、いろんな期待をしたマントラ瞑想だったが、それには意味はない。こうして、しかめっ面で瞑想することに、意味はなく、あらゆる言葉も、あらゆる感情も、あらゆる物質も、あらゆる空間も、あらゆる時間も、意味がない。

笑うしかない。ただただ30分間、クスクスと笑っていた。神妙な顔をして座る人々を見て笑い、手間暇かけてここにやってきた自分を笑い。

非常に、迷惑千万なことだと知りつつ、笑った。なぜなら、誰かに「迷惑」だと思われたところで、そんなこと屁《へ》でもないのだ。意味はないのだ。

瞑想会が終わった後も、とにかく笑いが止まらず、ふわふわした状態が続いたが、それは虚無への入り口だった。

Episode
54 ワンネスと虚無の世界
～覚醒の瞬間、何が起こったのか？ 4

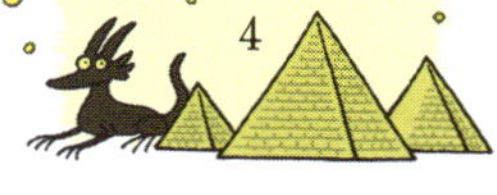

マントラ瞑想の伝授会で、唐突にやってきた感覚。

いわば、仏教用語でいう「見性体験」とか「一瞥《いちべつ》体験」。もしくは、なんらかの「悟り」や「覚醒」というものを体験したのだということは理解できた。

どうしてそれが、自分に訪れたのか？

日々の坐禅や、これまでの生き方や、スピリチュアル感覚を磨いたことと、無関係ではないと思うが、直接的な関係はない。

マントラ瞑想も、じつは直接的な関係はない。誤解なきように言っておくが、マントラ瞑想は「深い瞑想」を体験するには、非常に有効な手段のひとつだといえる。

しかし、オレが感じているものは、深いとか、浅いとか、近いとか遠いとか、そういうことではないのだ。そういうあらゆる感覚を飛び越えたところだ。

さて、自我の方は、初めはテンションが高かったが、しばらくすると、とんでもないことになってしまった。

だって「オレ」がいないのだ。何をやっても、楽しむ主人公が不在なのだ。

想像できるだろうか？　主人公不在の映画、小説、アニメ。

あるのは、ただの「視点」なのだ。

たとえば、ビールを飲む。普通なら、最初の一口で「ぷはー！　うめぇ！」となる。

しかし、それは「オレが、おいしいと感じる」から、感情が喜びを体験する。しかし、この状態では、「オレ」は不在。体験者がいない。

とても複雑な感覚だが、「コレ（自分）が、苦味とのど越しと、麦の香りを感じている」と、ただひたすら冷めた観察視点があるだけ。

簡単にいうと、何をやっても楽しくないのだ。

悲しくもない。腹を立てもしない。何の感情も出ない。

だって「全体」なのだから。

いってしまえば、そのビールも「自分」だし、食事も「自分」だし、妻も息子も「自分」なのだ。誰に対して腹を立てたり、愛情を感じたりしているのか？

いや、愛は感じている。この世界は愛そのものだから。

しかし、あまりに究極すぎて、完璧すぎて、残っている自我としてのオレは、猛烈につまらなくなってしまったのだ。

一言で表現するなら「虚無」だ。

――悟りを開くとは、こんなに恐ろしいことだったのか……。

しかし、オレはそこで「瞑想」に答えを求めた。さらに瞑想をした。しかし、虚無の中で、さらに虚無が広がり、3日目には、本気で自死することを考え出していた。完璧なのだ。すべてが完全なのだ。

オレが生きていても、死んでいても、完璧なのだ。時間も空間も、すべて存在しないのだ。

しかし、自死したところで、自分が死ねない存在だということもわかっていた。そして、それすら「意味がない」という圧倒的事実。

それは「知識」ではない。自分自身が「真理」になってしまっているので、わかるとかわからないとか、そういう話ではない。本当に困り果てた。しかし、残った自我で、ふとこんなことを考えた。

——意味なんて、勝手に作ればいいのでは？

勝手にこのストーリーに意味をつけ、自分を主人公にして、その意味の中で楽しめるのではないか？

そうだ、それでいいんだ。たぶん、全員それをやっているし、オレ自身も、数日前までそれをやっていた。

意味は、自分で作る。

世界は、自分で意味づけし、勝手に楽しむ。

理由なんて、後付けでもかまわない。

自我がそう考え出すと、オレの感覚がじわじわと戻ってきた。

急激に、何かに引き戻され、拡大していた意識が収縮し、全体から切り取られるような感じがして、すとんっと、いつものオレに戻った。

虚無ではなく、実在する世界へ。

時間があり、空間があり、痛みがあり、味わいがある。イライラしたり、むしゃくしゃしたり、不安になったり、悲しんだり。喜んだり、はしゃいだり、びっくりしたり……。ああ……オレたちは、なんて豊かな世界を生きていたのだろう！

虚無の世界から戻り、オレは生きる喜びを感じた。

なんて世界は美しいのだろう。生きているって、なんて幸せなことだろうか。

オレは、虚無の３日間を通して、いままで当たり前だった事実が、当たり前ではなかったことを知ったのだった。

Episode
55 虚無の中で見た「世界のしくみ」

虚無の間にも、虚無の答え、そして虚無からの回帰を求めて瞑想をした。

宇宙の「ソース（源）」に近い状態なので、この状態で瞑想をすると、じつにさまざまなことがわかる。

多くのスピリチュアルリーダーが伝える「アカシック・レコード」がどういうものか正確にはわからないが、そのことをなんとなく体感できた。自分の意識がグーグル検索にダイレクトに接続しているような感覚で、問いかけたら、即座に答えがインストールされる。

後から思えば、あのときにもっといろいろと調べればよかった。

しかしあのときは、とにかく「興味がない」状態なので、ただ瞑想するという以外、質問する気も起きなかった。

しかし、わかったこともある。

それは、「自分のいる世界とは何か?」ということだ。

そこで得たインスピレーションはこんな感じだ。

この次元の他にも、宇宙がある。

しかし、現在、我々の住む宇宙全般は、一枚のDVDのようなものに感じられた。

ただし、チャプターが数十億、数十兆……とにかく認識できないくらいの数がある。

周波数によって、無限に近いチャンネルがあり、我々がいま見ている世界も、ただのチャンネルのワンシーンに過ぎない。だから、**意識によって、チャンネルを変え、自分好みのチャプターをチョイスできる**が、そのチャンネル変更は、もちろん我々の収縮した自我では行えない。

しかし、周波数は違えど「ワンネス」だった。

宇宙には、いっさいの「隙間」がない。完全に、ひとつのものだった。この辺は言葉にはできない。

そして個人的に一番驚いたこと。これは衝撃的すぎて愕然《がくぜん》とした事実。

オレはかつて、22、3歳頃、呼吸不全で地獄を見て、そこで「完全なる静寂」に出会った（Episode 34）。病気が治ってから、その静寂を感じることはなくなり、後から「あれは神だった」と、その静寂を神聖視していた。

しかし、この虚無の中の瞑想で、いや、瞑想していなくても、ずっと、その「静寂」が、自分の中にはっきりと感じられるようになったのだ。

完璧な、静寂。

いや、それは世界そのものだ。

世界は、この静寂の上に成り立っていることも、感覚的にわかった。

オレは、かつて自分を救ってくれた（と思っていた）神である、その静寂な存在にお礼を述べたかった。自我の大半が失われた虚無感の中で、あのときの静寂に包まれていることに気づいたとき、なんとうれしかったことか。

しかし、そう思ったのは一瞬だった。

お礼は、言えなかった。

なぜなら、その静寂は、自分自身だったからだ。

世界は、ひとつであり、自分。

その世界を作る「場」そのものの「静寂」ですら、自分。いや、むしろ、自分自身の本質であり、本体だった。そして、これが「神」であり、量子力学的な言い方をすると「ゼロ・ポイント・フィールド」ということもわかった。

これは、壮大な「ドッキリ」だった。

ずっと「神」だと思っていたものが、「究極の自分」だったのだ。

つまり、誤解を恐れずにいえば、「神は自分」ということになる。

キリスト教でも、人は神の分霊といわれるが、じつは神そのものだった。この宇宙を観察し、体験すること。その行為も含めたすべてが、大いなる神だった。

こうして、ますますオレの自我は、すがるものさえなくし、絶望的になっていったのだ。

Episode 56 「いまここ」が意識や次元をブレイクスルーさせる

果てしない虚無感をくぐり抜けた後。

自分の中に常に「静寂」を感じられるようになった。

いや、もはや「静寂」という名前すらつけられない。「無」でもない。「ゼロ」でもない。名前をつけた瞬間に、それはオレの感じている存在とは違ったものになる。名前などないのだ。「それ」としか言えない。

おかげさまでというか、自分の中にいつも「それ」があるおかげで、スピリチュアルが生業《なりわい》になり、瞑想講師にもなっている。

なにせ、多くの人が「それ」を目指して瞑想したり、ワークショップをしたり、学んだりするのだが、いかんせんオレ自身が「それ」なのだ。

しかし、この「それ」を感じられるというのは非常に安心感のあるものであり、絶対的でブレないものである。

そこで考えてみる。どうしてオレは「それ」に出会えたか？

いや、そろそろ「それ」という言い方もおかしいので、あえて「神」と呼ぼう。サムシング・グレート、宇宙、大霊……本当は言い方はどうでもいいのだが、便宜上、ここでは「神」にしておく。

純粋に、いつも「それ」、つまり「神」と共にある状態になれた理由。初めは、やはりあの「呼吸不全」だ。あのときの体験がなかったら、後の瞑想体験や、いまの自分に繋《つな》がってはいないだろう。

では、なぜあのときのオレが「静寂」という名の神に出会ったのか？

それは「いま」を突き抜けたからなのだ。

やはり、**意識や、次元をブレイクスルーするには、「いまここ」の感覚**。時間を突き抜けたときだ。

だから瞑想や坐禅によるそれが起こりやすく、訓練になる。

あのときのオレは、死にそうな苦しさの最中で、過去の経験や知識が完全に役に立たず、未来への希望が立たれて、**純粋な「苦しみ」の感覚のみにフォーカスしたのだ。**

感覚は、リアルタイムでしか味わえない。

だから、あのとき何かが開いた。

そして瞑想で再び、今度は強固に、確実にその扉が開き、いつでもそれを感じられるようになった。そのときも「いまここ」であった。

あのときオレは、マントラ瞑想に絶望すらした。完全に、期待を捨てたのだ。

だから、その瞑想をして、その後に「○○になる」という「未来」への希望はなくなっていた。同時に「過去」も手放していた。それまで覚えてきたスピリチュアルの知識も、全部役に立たないと思い、そんな自分がバカらしくなった。

だから、意識が純粋にいまここになれたのだ。

いまも、いつも「それ」はオレと共にあり、オレ自身が「それ」でもある。

Episode 57 神の中に包まれる

自分の内側には「神」という名の「静寂」が常にある。

それは確かなもので、いつか体験した底のない穴に放り込まれたような虚無とは違い、ただただ静かな静かな感覚。しかし、あの虚無が、再び訪れたことがある。

南フランスの、エクス・アン・プロヴァンスの街の中にある、大きな教会の中で瞑想をしていたときだ。

どうしてそうなったのかわからない。聖地を巡る、スピリチュアルのリトリートに参加していた。4日目で疲れていたのかもしれない。

瞑想の途中で、急激に、その感覚に自分が落ちていった。自分がなくなり、世界には誰もいないような、あの独特の感覚に陥った。

「まずいな……」とは思った。

そう思いながらも、瞑想から抜け出せず、教会の椅子に座り、虚無の中を意識が漂い、空虚で無意味な世界に対して絶望していた。

世界は意味がなく、自分の存在も意味がなく、ただ、全体性へと溶けていった。

すると突然、肩をたたかれた。

驚いて目を開けると、年配の女性が何か話しかけてきた。

フランス語だったので、さっぱり何を言っているのかわからなかったし、瞑想後は寝ぼけているようなものなので、何も答えられずにぼんやりしていた。

すると、その女性はすぐに離れてしまった。いったい、彼女はオレに何を話しかけたのだろう？　少し怒ったような様子にも見えたのだが……。

なかなか
いい教会だな
——しまった……
どうしてそうなったかわからない……
瞑想の途中、急激にあの虚無感に陥ったのだ
… C'est le temps
que tu as perdu
ta rose qui fait
importante!
ハッ

しかし、そのおかげでひどいところに意識が落ち込む前に、救われたような気がした。あのまま深い瞑想を続けていたら、もっと虚無の中に入っていたかもしれない。

外に出て、賑《にぎ》やかな通りを歩いた。

南フランスの、少し陽気な感じ。映画の中でしか観《み》たことのないような、おしゃれな街並み。しかし、なかなか自我が回復しないせいか、街は全体的に色あせて見えた。何を見ても感動がなく、感情はなかった。

少しひらけた場所に来て、深呼吸をした。腹に力を入れ、地に足をつける。あの頃の自分とは違うのだ。いろんなエネルギーを扱える。

全身に「氣」があふれ、感覚が戻ってきた。

色あせて見えた街並みが、途端に鮮やかな色合いになった。空は青く、空気も澄み渡り、街ゆく人々の陽気さが伝わった。

以前は3日以上、虚無感をさまよったが、わずか数十分で戻れた。

坐禅の世界でも「魔境」と呼ばれる境地があるが、どうしてもそういう側面もあるのだ。

ふと面白いことに気づいた。
静寂が、広がっているのだ。
いままでは「それ」は自分の内側にしかないものだった。内面に感じるものだった。
それが、全体に感じるのだ。
自分の中にあった神ではなく、自分が、神の中に包まれていた。
しかも、**その静寂は「神」でもあるが、同時に「愛」だった。**
世界は愛だった。神は愛だった。
この宇宙は愛でできているのだ。
自分は愛であり、出会うすべてが愛であった。
大きな気づきだった。そしてその感覚は、いまもあり、拡大しつづけている。

Episode
58
マグダラのマリアの訪問
～深夜の覚醒1

ある日、夜中に目を覚ました。

……といっても、半分夢の中。夢うつつ。強烈に眠い。

「**ゆだねますか？**」

心の中で、そんな言葉が聞こえた。意識すると、自分をなんらかの「気配」が取り囲んでいる。

目を開けると真っ暗だった。

時間はわからないが、深夜であることは間違いない。

「ゆだねますか？」

10代の頃にあったように、金縛りを起こすような存在ではなくて、かなり高波動な存在だとすぐにわかった。姿は見えないが、はっきりと感じる。

「マグダラのマリア」

というイメージが、ぽんっと飛んできた。

南フランスで、何度か感じたあの気配をより濃厚に感じた。

しばし、考えた。仮にこのエネルギー体が、マグダラのマリア、もしくはそれに関わる霊体だとして、オレはいま、何かを試されている。しかし、ゆだねろと言われても、何をしてよいかわから……。

「力を抜いて、明け渡せ」

こんな言葉が来た。一種のチャネリングと呼ばれる状態での対話であり、エネルギーを言語変換して行うのだが、このときはかなりはっきりした言語変換ができた。

明け渡す……。それがいったいどんな状態なのかはわからない。

しかし、ゆだねるしかなさそうだ。

オレは力を抜いて、瞑想に入るときのように、自分を全体性に任せた。すると、**全身がいままで感じたことのない、強烈な、しかし微細なバイブレーションに包まれた。**

全身の細胞が、震えているのをはっきりと感じた。

「もっと、ゆだねなさい」

確かに、オレはその振動に驚き、力を入れて抵抗している。

すべてを明け渡すのは、怖かった。100あるうちの、40くらいゆだねただけで、この波動だ。自分が自分でいられなくなる。

その存在はさらに言うので、試しにもう少しだけ、ゆだねた。100のうち60くらいといったところか。

「**ゆだねなさい**」

すると、さらに全身に広がるバイブレーションが強くなった。

怖かった。自分がなくなると思った。これに身をゆだねたら、もうここに存在できなくなる。家族に会えなくなる……。

そうだ、家族！　オレは家族というキーワードから、いま自分がいる場所を思い出した。オレは自宅にいて、家族3人で川の字で寝ている。隣には、小学4年生の息子がいる。

オレは全身が微細に振動しながら、手探りで手を伸ばした。

すると、息子の腕にぶつかり、息子の腕をつかんだ。息子の腕の感触が、一気にオレを現実に引き戻した。

オレを包んでいた霊体はいなくなり……というか感じなくなり、振動は収まった。
正気に戻った後、オレは自らの「恐れ」に打ち勝てなかったことを後悔した。
明け渡す。ゆだねる。
途中で疑った。本当にマグダラのマリアか？
それに見せかけた妙な存在ではないのか？
しかし、そんなことはどうでもよい。オレは、オレ自身の恐怖に負けたのだ。

Episode 59 愛の体験 ～深夜の覚醒2

今度こそ、それがやってきたら、すべてを明け渡そうと誓った。
しかし、なかなかその日はやってこなかった。
そういうものなのだ。強く意識を向けることは、執着してしまうこと。**執着は、自**

身の波動を下げてしまう。

あのときはたまたま、自分の波動が高まり、さらに睡眠によって自我が解放されていたから、奇跡的に繋がれたのかもしれない、などと分析していた。

そして、半年以上経《た》った頃。まさしく「忘れた頃にやってくる」という感じで、それは再び訪れた。

シチュエーションはまったく同じ。

自宅でぐっすりと、深く眠りこけていたときだ。

突然、強いエネルギーを感じて、起こされた。前回は深夜2時半だった。いまもそれくらいかもしれない。深い深い夜の闇だ。我が家は田舎で、窓の外には街灯ひとつない。満月でもない限り、夜は真っ暗だ。

「ゆだねなさい」

その存在は再び、前回と同じ調子で、オレのハートに直接言語を伝えた。

オレは、前回のことを思い出し、腹を決めて、その存在にゆだねてみることにした。

力を抜き、意識を、全体的に広げる。

強烈なバイブレーションが、全身の細胞を振動させる。やはり、怖い……。この先、どうなってしまうのだろう。隣には、家族がいる。家族に意識を向ければ、きっとこの高波動から抜け出し、元の状態に戻る。

しかし、オレはこの恐怖に飛び込み、自分を明け渡すと決めたのだ。

人によってはこれはただの「妄想」と思われるかもしれないが、オレは必死だった。

それほど、体験したことのないエネルギー感覚だった。

気持ち的には、かなり気合を入れて「えいっ！」と飛び込むのだが、実際は、全身の力を緩め、思考を止め、ただただ受け身になる。

……ゆだねた。すると、視界が白く輝いた。

それまでは、真夜中に目を閉じていたので真っ暗だった。

しかし、まぶたの中は、光にあふれている。瞑想中、ときどきこういうことはあるが、こんなにまばゆい光は感じたことがない。

そして、恍惚《こうこつ》が訪れた。

かれこれ十数年以上前、坐禅中に訪れたオーガズム（Episode 26）や、射精しているときとそっくりな感覚が、全身を貫いた。

しかし、それは「エロス」や「性的快楽」とは違う。

圧倒的な一体感と安心感。やすらぎと愛に満ちている。

ゆだねる。明け渡す。**恐怖の向こうには、こんな美しい世界が待っていた。**

言葉やインスピレーションはなかった。

ただ、愛に包まれ、全身が悦《よろこ》びに震えていた。

どれくらい続いていたのかはわからないが、しばらくすると、ゆっくりと波が引いていった。視界は再び、深夜にふさわしく、真っ暗になった。

何も感じなくなった。隣に眠る家族の気配と寝息だけが部屋の中にあった。

のどが渇いたので、起きて水を飲み、トイレに行った。時間は前回と同じ2時半だった。

ものすごく元気になったような気がしたが、不思議な疲労感があった。長時間、適度で気持ちのよい運動をしたような、そんな爽やかな疲労感。

布団に戻るとすぐに眠り、朝までぐっすりだった。夢も見なかった。

あれ以来、一度もやってこない。

しかし、大きなことがわかった。

それは、たとえ真実でも、たとえそれが愛であっても、我々は未知なるものを恐れてしまうということだ。

最初は、その恐れによって、愛の体験を逃しているのだ。しかし、**その恐れを飛び越えた向こうに、真理がある**ということだ。

きっと、そのことを教えに来てくれたのだろう。

Episode
60 恐怖の向こうにあるもの

奈良県、天川村の山奥。修験道の聖地「大峰山」という山がある。

かつて「役行者《えんのぎょうじゃ》」という、修験道の開祖が修行し、開いた聖山で、いまも「女人禁制」の戒を守っている。

山自体は、登山的には難易度は高くない。コースタイムも、十分日帰りで行って帰

ってこられる。役行者が個人的に好きだということと、単純に「山登り」がしたかったので、気楽な気分で登った。

途中では、多くの山伏修行をする人たちや、場合によっては20人くらいの集団もいた。法衣を身にまとい、法螺貝《ほら》を吹き「六根清浄……」と唱えながら深い山道を歩く。そんな中、オレはデニムと普通のスニーカー。暑かったのでタンクトップという、いささか山をナメた格好で歩く。

山頂間近になると、宿坊がある。その手前にこう書かれた看板が見えた。

〝日本三大荒行。西の覗《のぞ》き〟

登る前はくわしくは調べていなかったのだが、その山では山伏のための厳しい修行がある。こう書かれると、チャレンジ精神が湧いてくる。

その場で、スマートフォンで内容を調べる。なんと、断崖絶壁の岩場に、逆さ吊《づ》りになって祈願をする行だという。

いったい、何のためにそんなことをするのか。もちろん、一歩間違えば確実に死ぬような行。21世紀の時代に、女人禁制の地があるってだけでもすごいが、さらにそんな危険な行が行われているということは衝撃だった。

「行に挑みたい方は、龍泉寺宿坊まで」と書かれている。見てしまったからには、行くしかない……。

しかし、宿坊には年配の男性が一人しかおらず、こう言われた。

「いま、若いもんが全員出払ってて、いつ戻るかわからないから、西の覗きはできない。帰りに顔を出してくれ。もし誰か戻ってくれば……」

オレはそこで冷たいお茶を飲み、正直少しほっとして、意気揚々と山頂へ。山頂のお寺を巡り、とても清々《すがすが》しい気分で、下山に向かった。

しかし、一応、顔を出してくれと言われたので、宿坊へ行ってみた。

「おお〜！　ちょうど若いのが戻ってきたよ。おい！　西の覗きだ」

先ほどの年配の男性がそう言うと、若い山伏のにーちゃん（30代半ばくらいだろうか）が出てきた。

心の準備などまったくできていなかったが、その彼は「ほな、行きまひょか」と、関西弁の軽いノリで言い、オレの先を歩く。

こうなったら、やるしかない。オレは腹を決めた。

断崖の岩場に着く。太いロープを両腕に、リュックを背負うように引っかける。山伏のにーちゃんは、腹にチェーンの命綱を巻き、行の説明をする。

「えー、この行に挑むということは、お兄さんも相当な覚悟があるんやと思います」

「え、ええ……」

オレはあいまいな返事をするしかなかった。それもそのはず、覚悟もくそも、ここに来るまでそんな意味のわからない危険行為があるなんて知りもしなかった。

「おそらく、お兄さんの中で、いろいろと決意したいことや、手放したいこと、叶《かな》えたい願望などがあって、その祈願やと思います。私も全力で、祈願成就のため、お手伝いさせていただきます」

神妙な顔をして、その山伏のにーちゃんは言うではないか。

「は、はい……」

じつは、最初に「三大荒行」の看板を見て、やってみようかなと思った一番の理由は「ブログのネタになるかも」というかなりふざけた理由だった。だが一応、彼の手前、決意と覚悟と、願望を祈願する真剣な顔をして答えた。

岩場にうつ伏せになり、綱が腕から外れないよう、両手をしっかり握る。

そのときは、視界は空と遠くの美しい山々しか見えない。

「ほな」と、にーちゃんが言ったとたん、突然「ざざざっ」と、オレの体を前に押し出した。オレの体は、岩から乗り出し、上半身が崖にぶら下がる。

ぶら下がるといっても、角度的には45〜50度くらいかもしれないが、視界は、険しい岩場の断崖絶壁だ。

「ひゃっ！」

恐怖のあまり声が漏れた。山伏のにーちゃんは、綱とオレの足を押さえながら念仏を唱え、ときどき「覚悟はいいか！」と言いながら、さらにぐいっとオレの体を押し出す。

「は、はいっ!!」返事をするが、正直、何を言われたか覚えていない。

恐怖の中で、いろんなことを思い出し、いろんなことを考えた。きっと、かなり高速回転で考えていたと思う。もし、この若いにーちゃんが、くしゃみをしたり、突風が吹いて手を離したりしたら、オレは確実に死ぬ。助かる見込みはゼロだ。

こんな状況って、なかなかない。**自分の命を１００％誰かにゆだねている**のだ。

「死んだら家族に会えなくなるな」と思うと寂しくなったが、すぐにこう思った。

——まいっか。

オレのいいところは、あきらめが早いってことだ。とにかく、人はどうせ死ぬ。崖で死ななくても、病気で死ななくても、どうせ死ぬ。そして、**オレの肉体が死んでも、オレは死なない**。オレはそれをよく知っている。

だんだんと、怖くなくなった。いや、もちろん怖いのだが、「怖がっている自分」と、それを「眺めている自分」がいたので、俯瞰《ふかん》できた。

そして結局、そこにあったのは「静寂」だったのだ。

ただただ、オレはそのにーちゃんに身をゆだねたのだ。

あそこまで、完全に人に対して身をゆだねたことは初めてだった。

恐怖の向こうにも、静寂があった。ポイントは「ゆだねる」ということだ。

念仏と祈願が終わり、岩から戻るときは、自分の手を使いながら、体を押し戻す。おかげであちこち擦り傷だらけになったが、素晴らしい体験になった。

恐怖は、自分の本音や本性を見せてくれる。

Episode
61 全身の不快感
〜瞑想合宿1

瞑想は、多くのトップ企業でも取り入れられているくらい、科学的に効果や効能が立証されている部分もある。

しかし、もちろんまだまだ現代科学では説明できない不思議なことも多い。

10日間の瞑想合宿で自分の身に起きたことをそのまま書いてみよう。

知る人ぞ知る「ヴィパッサナー瞑想」の合宿は、10日間に及ぶ。

その間、外部との連絡を断ち、一言も口を利いてはいけない。ジェスチャーなどのコミュニケーションも禁じられている。

食事も菜食で、夜はフルーツのみ。多くのメンバーとそんな奇妙な集団生活をしながら、ひたすら自己と向き合いつづける合宿だ。

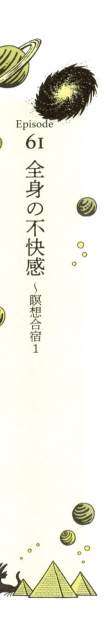

その頃には、オレはすでに毎日30分~1時間、瞑想をしていて、地元で瞑想会などを開いていた(全然人は集まらなかったが)。

深い瞑想、というのは常に体験していたが、そこまで連続で瞑想しつづけるというのは自分も初。好奇心と怖さが入り混じりながらの参加だった。

なぜか初日から、腹が痛かった。終始お腹《なか》が張って、便秘になった。

いや、じつは合宿の2日くらい前から、少しお腹の調子はおかしかったのだ。腹痛なんて、滅多にないのに……。

その瞑想法は、くわしい記述は避けるが、ひたすら体の感覚に意識を置きつづけるので、否《いや》でも応でもオレは「腹」に意識がいった。

とにかく、つらい合宿だった。

もともと、じっとしているのは苦手。すぐにひどい肩こりになり、首が固まり、3日目くらいには吐き気がするくらいおかしな状態になった。眠れないし、全身が冷えきった。1月の京都の丹波高原。雪も積もっていた。

瞑想をしていると、全身に不快感があらわになった。特に鎖骨から胸元、首のあたり。皮膚を切り裂いて、その気持ち悪いものを掻《か》き出したい衝動にかられた。

そして膨満感と便秘。合宿に参加した人は誰もが言うが、食べるくらいしか楽しみがない。それなのに、食事もあまり楽しめなかった。

4日目くらいに、唯一、困ったときの悩みを聞いてくれる担当者に事情を話し、便秘に効くという漢方のお茶を処方してもらった。すると今度は、体の中が空になるくらい、これでもかというくらい激しい下痢をした。

スッキリしたのも束《つか》の間、またすぐに膨満感と慢性的な腹痛、便秘に悩まされた。

全身の不快感で、何度も逃げ出しそうになった。

夜も、隣のベッドの外国人のいびきなど、何かと騒がしくて眠れない。

敷地内から出てはいけないルールだが、深夜に本気で逃げたくなって、道路まで出てしまったこともあった。

しかし、逃げ出すことなく、自分の不快を感じつづけた。

Episode
62 下腹部に溜まっていたカルマ
~瞑想合宿2

1日10時間くらい、瞑想に当てられている。

相当深い瞑想を、ずっと続けた。

皮膚感覚には、じつにいろんな情報があるのだと知った。**針をさした点ほどの神経の中に、宇宙があると感じた。**体の表面。内部。常にさまざまな感覚が湧き上がり、感じきり、消えていった。

合宿中は、そのほとんどが不快なもので、それは古い記憶と結びついていた。母親や、父親との関係の記憶も多かった。

その中で、ずっと調子の悪い下腹部。じつはそこだけ「無感覚」だった。下腹部の一部に、何も感じられない部分があったのだ。

しかし、7日目。その無感覚が、突然「氷の塊」のような、冷たい感覚に変わった。

想像できるだろうか？　自分の腹の中に、拳大の氷の塊があるのだ。

どうしていまのいままで気づかなかったのか？　それは、気づけなかったからなのだと、すぐわかった。無感覚のベールで覆い、感じられないようにしていたのだ。

その塊は、いろんなものでできていた。

「カルマ」とも呼べるエネルギー。その多くが「劣等感」だった。自分は腹の中に、巨大な劣等感の塊を常に抱いていたのだ。

そして、オレは知ってしまった。

いままでの自分の人生。音楽をやったり、小説を書いたり、瞑想をしたり、スピリチュアルを学んだり、心理を学んだり……。**それはすべて、自分の劣等感を覆い隠すためだった**。感覚的に、それがわかってしまった。いままで生きてきたのは、何かを創造しようとしていたのではなく、劣等感の裏返しに、承認欲求や自己顕示欲、満たされない部分を満たしたかっただけだったのだ……。

死にたくなった。自分の人生そのものに絶望した。

自分がこの世界の「うごめく恥」だと思った。

それほど、その気づきは強烈だった。

完全に、自分の人生や、全存在を否定したようなものだった。

劣等感の原因は、今世だけでなく、過去生と呼ばれる部分からも、ずっと引きずっているものだった。

絶望はしたが、仕方ない。この感覚を感じ切るしかない。そこから、ひたすら下腹部の氷の塊だけに、意識を向けつづけた。

ちなみに8日目に、また例のお茶を飲み、激しく下痢をした。

ここに来て、便秘と下痢しかしていなかった。最後の方は、食事も少量のサラダを食べる程度しかできなかった。

10日間の合宿の最後の2日間ほどが、さらに地獄だった。

氷の塊は、感じているうちに、「しゅわしゅわ」「ぷちぷち」と、炭酸の泡が弾けるような音を立てて消えていった。

その中にはさまざまな記憶があった。しかも、どれもろくな記憶ではない。

はっきり覚えているものをふたつほど挙げよう。

中国人で、時代的には100年くらい前だろうか。

拳銃くらいはあった時代だ。オレは男で、腕を縛られ、天井から吊るされ、過酷な拷問を受けていた。拷問といっても、完全な濡《ぬ》れ衣《ぎぬ》だった。最後は、拷問の末に、下腹部をさびついた切れ味の悪いナイフでえぐられるのだが、そこから絶命するまでにはそれなりの時間を要した。

もうひとつは、中世のヨーロッパだろう。

自分は妊婦で、石造りの狭い地下牢《ろう》のような場所で、幽閉され、なんらかの拷問を受けていた。性的な虐待もあった。最後は腹を裂かれ、そこから血まみれの赤子が冷たい石の上に落ちるのを見て、自分も絶命した。

他にも、さまざまなものがあったが、多くが拷問され、下腹部をえぐられて死んだという記憶だった。

深い深い瞑想から、まるでその体験をもう一度したような、身も凍る恐怖の体験だった。そして、激しい悲しみと、激しい怒り。

だが、**その怒りや悲しみを、いまここでオレが握りしめると、またそれが別のエネルギーとなって、自分にこびりつく**と知っている。だから、ただただそこで感じたあらゆる感情も、記憶と一緒に、流れるに任せた。

Episode 63 人の印象
～瞑想合宿3

氷の塊は、どんどん小さくなった。10日間のうちですべてをなくすことはできなかったが、びっくりするくらい体も心も軽くなった。

生まれ変わったとはまさにこのことだった。

その後もじっくりと、少しずつ、その劣等感の塊を、浄化させつづけている。

それが２０１６年の１月のことだった。

オレはその年から、劇的に運命が変わった。それなりに全国区の知名度になり、瞑想会やセミナーなど、個人事業主として生計を立てられるようになった。

もちろん証拠などないが、あの瞑想合宿によって、さまざまなカルマを浄化し、本来の自分に戻れたからだと思っている。

人の印象について、考え方がとても変わった。

その合宿には全部で60人ほどいて、男女で分かれる。男性陣は30人くらいで、同室に10人ほどいた。

同室の中に一人、年配の藍《あい》色の作務衣《さむえ》を着た、ヒゲを生やした渋い男性がいた。瞑想中も、微動だにせず、休憩中も一人座り、黙々と瞑想している。

――このオヤジ、ただものではないな……。

観察していたわけではないが自然に目に入るので、彼のその静かな佇《たたず》まいに感心していた。

10日間。一言も話さずに、24時間同じ空間で生活するというのは奇妙なものだ。とても身近にいるのだが、まるでその人の「人となり」がわからないという、おかしな状況なのだ。性格、キャラクターはもちろん、声などもわからない。

さまざまな人がいるが、オレはひそかに、勝手に部屋にいる人たちにさまざまな「ニックネーム」をつけていた。

いつもハンドクリームを塗っている外国人のあだ名は「ニベア」。その渋いおじさんは「渋じい」。他にも「ロン毛」とか「マッチョ」「メガネ」など、主に身体的特徴だ。そう、要するに瞑想をしているとき以外は、けっこう暇だったのだ。

10日目の午後に、会話が解禁となる。ほとんどそれで合宿は終了だ。

ずっと溜《た》め込んでいた分、みな、せきを切ったかのようにしゃべる、しゃべる。休憩所は週末の居酒屋ばりの騒がしさだった。

ずっと顔だけ見て生活していたメンバーと、初めてそこで会話をする。同じ試練をくぐった同志なので、とても親しく、仲がよくなる。

さて、その「渋じい」と会話する機会があった。そしてオレは驚いた。

「いや〜、長かったねぇ〜」

オレの抱いていた印象とはまるで違って、軽い口調。高い声。よく笑う。

「あの〜、ご職業は？」

話の流れで尋ねてみた。

「ん？　オレ？　ピザ屋だよ」

ピザ屋！　てっきり、陶芸家とか日本画家をイメージしていたのが……。

人は人に対して、さまざまな印象を抱く。たいして知りもしないのに、勝手な印象を自分の中で作り込み、その人の人間像を決めてしまうことがある。今回のケースはやや一般的ではないシチュエーションだが、日常においてもよくあることだ。

それ以来、**誰かに会っても、ちゃんと会話を交わすまでは、人の印象をできるだけ判断しないようにしている。**「この人は○○な人」と、イメージを確定させないように、気をつけている。

まして、SNSなどにおける、ウェブ上での情報だけで判断するのは、大きな間違いを生み出すこともあるのだ。

Episode 64 瞑想中の白い光

瞑想は毎日違う。数学のように「○○時に、○○瞑想をすると○○になる」ということはない。
日々の体調や、ちょっとした気分の問題かもしれないし、天体の位置関係とか、も

っともっと深い理由が働いているのかもしれないが、とにかく、同じように座っても、毎日毎日違うのだ。しかしそこが逆に面白さでもある。今日はどんな瞑想になるだろうと、日々のちょっとした違いを楽しむのだ。

古今東西、瞑想により「神秘体験」をする人は多いし、実際、ブッダを代表とする、偉大な精神的なリーダーは、みな瞑想をしている。

オレ自身も瞑想により、いくつか神秘的な体験や、それに近い体験をしている。

目を閉じてする瞑想の場合だが、**よくある報告例で「光を見る」というのがある。**

目を閉じているので、視界状況的には「まぶたの中」なので、基本は暗い。太陽燦々《さんさん》の野外ならともかく、室内で部屋が薄暗いとまぶたの中は真っ暗に近い。

オレは通常、日中でもカーテンを軽く閉めて、部屋を暗くして行うのが常だ。それにもかかわらず、深い瞑想に没頭していると暗いはずのまぶたに光が現れる。

いつだか、面白い体験をした。

光が訪れた。そこまではいま説明した通り、何もめずらしくはない。いつもなら、ただその光に身を任せ、感じるに任せる。ゆだねる。

しかしそのときは、こんなことを思ってしまった。

――この光を自分のワークショップにいかせないだろうか……。

すると、光はあっという間に遠ざかり、再び視界は暗闇に覆われた。

「おや？」と思ったが、そのまま瞑想を続けていると、また視界に光が訪れた。さっきよりも、強い光を感じた。心地よかった。

そこで、また思ってしまった。

――この光の力をコントロールできないだろうか？

すると、また光が遠ざかる。いったいどういうことか？

答えは簡単だ。意識が「いまここ」でなくなったからだ。オレは「未来」の予定を立てて、期待をしてしまったから。

光が正しいとか、そういう二元論でものを語りたくはないが、やはり我々は本来「光」の存在。だから、瞑想時のような深い意識状態のときに、美しい光を感じるというのは、自分の生命力や霊的なパワーが増しているとき。

しかし、**思考が未来や過去に向かうと、そのパワーが下がる**のだ。

やはり、いまここに意識があるときこそ、我々がもっともパワフルなときなのだ。

6

不思議な「夢」の話

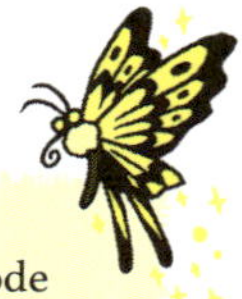

Episode
65 大洪水の夢

オレは自称「夢人間」ってくらい、毎日のように夢を見る。

多くが日々と関連することだった。だが時には、どう考えてもオレ個人としては、行ったことも見たこともないような場所にいる夢を見ることもしばしばあった。

いや、テレビとかで観《み》たってこともない。本当に知らない場所で、オレじゃないオレとして、そこで生きているのだ。

小さい頃から「輪廻《りんね》転生」のことは父から聞いていて、すんなりと受け入れていた。

だから、そういう不思議な夢は、オレの過去生の記憶かなと思ってはいた。

ところであなたは、**同じ夢を何度も見たこと**ってある？

オレはあるんだ。

それが、大洪水の夢。

洪水が起こる前の背景はよくわからない。ただ、突然大津波が街に押し寄せ、すべてを飲み込み、破壊的な濁流ですべてを壊した。

オレの住む街も、家も、家族も、友人も、すべて大波に飲まれた。当然、オレもその大津波に飲み込まれた。

――避けられなかった……。

そんなことを思う。どうやらオレは、その大洪水を知っていて、ひょっとしてうまくやればそれを避けることができたのに、それができなかった……漠然とだが、そんなことを思っている。

そして皮肉にも、オレだけが奇跡的に助かってしまう。

命からがら、岩場に身を乗り上げる。波はだいぶ収まっていた。しかし、見慣れた街や、景色はどこにもなく、すべてが暗い海。

昼間だというのに暗かった。その暗闇の中で、海と、オレがしがみついている岩の一部だけが、ぼんやりと見えていた。

絶望。

これほどの絶望を、オレはいまだかつて知らない。

すべてを失った。

すべてが失われた世界で、たった一人だけ生き残ったのだ。みなと同じように死ねたら、どんなに楽だっただろう。たった一人、この暗闇の世界で生き残ったところで、いったい何の意味があるのか。

泣き叫ぶしかなかった。

オレはそこで、目を覚ます。

目を覚ました現実のオレはやはり泣いていた。そんな夢を何度も何度も見た。

幼い頃、本当にこの夢が怖くて仕方なかった。

ノアの箱舟に代表される、世界中に残された洪水伝説。これは本当にあった話だと思う。ムー大陸とか、アトランティスとか、かつて呼ばれた文明なのか？

一晩で、滅んだんだ。きっとやりようはあったんじゃないか？　そう思う。

人類は同じ過ちを犯してはならない。そう思う。

Episode
66
未来を先取りする夢

ぐっすりと寝ていた。夢を見ていた。

街を歩いていた。賑《にぎ》やかな繁華街だった。たくさん人がいて、騒がしかった。

オレは一人で、街を歩き、だんだんと道が狭くなり、アメ横の商店街のような、狭い道に入り込んだ。

どこかの店の看板が突き出ていた。このままっすぐ歩くと、オレの背丈なら、確実にあの看板に頭をぶつける。そう思った。

しかし、どういうわけか、オレはそれを避けるための動作を行わないで、ただまっすぐに歩きつづけた。

どうやらオレの意思と、夢の中のオレの体や意識は連動しておらず、オレはただその夢の世界を観察するしかできないようだった。

――おい！　ぶつかるぞ！

そう思うのだが、夢の中のオレはおかまいなしで歩く。

そして、いよいよその看板が目前に迫ったとき、

「がつんっ！」と、オレの頭部に衝撃が走る。

オレはその衝撃で目を覚ました。

隣で寝ていた息子のかかと落としがオレの頭部に炸裂したことは明白だった。

いったい何をどうやったらそんな寝相になるのだ、息子よ？

息子の体を元の位置に戻し、オレはかかと落としを食らった目の少し上の額のあたりをなでた。

「……ったく。ぶつかるってわかってたのになぁ……」

寝ぼけた頭でそんなことを考えてから、オレは不思議なことに気づく。

昔、猫を飼っていたとき、息苦しい夢を見て、苦しくて目が覚めたら胸に猫が乗っていたことがあった。その手の話はよく聞く。現実と連動して、現実の感覚がそのまま夢に現れる。泳いでいる夢を見たら寝小便していたとか。

しかし、いまのはどうだ？

オレは夢の中で、息子のかかと落としを予見していたのだ。夢の中の世界と、連動させて。つまり、ぶつかる前からわかっていたのだ。このままでは絶対にぶつかると。

しかし、避けられなかった。

未来というのは、じつは時間という幻想の中にあって、本来、我々はすべてを知っているのかもしれない。

そんなＳＦチックなことを、昔から思い巡らせることがあったが、その考えはあながち仮説ともいえないような気がする。

Episode 67 退屈な午後 ～明晰夢1

夢の中で、自由に振る舞えたらなんて楽しいだろう？

オレは毎日毎日リアルな夢を見る子供だったので、そんな願望を抱いていた。どう

せそこが夢ならば、どんな悪事を働こうと問題はないはずだと。

いまでもときどきあるが、夢を見ながら「これは夢だ！」と気づくときがある。

ただ大抵は、まるで映画やテレビドラマを観ているかのように、あくまでも「客観視」だ。夢の中のオレの意識と、それに「気づいているオレ」は分離している。

しかし、オレの人生ではっきりと、夢の中で自由に自分をコントロールすることができたことが何度かあった。

一番印象深いのは、初めてそれを体験した小学2年生の頃だ。


家にいた。紛れもなく、自宅だった。

父はいつものように、仕事道具の反物を広げ、机に向かって細かい作業をし、背中を向けていた。オレは居間でテレビを観ていた。そこで気づいた。

「なんか、違う」

オレは部屋の景色を見回す。いつもとまったく同じようだが、何かが違う。記憶をたどる。すると、突然自分がここにいなかったことを思い出した。

なぜなら、自分は先ほど布団に入って眠ったはずだった。眠ったら、なぜか明るい時間の居間にいてテレビを観ているなんておかしい。

そう、ここは夢の世界なのだ。

オレは立ち上がり、自分の体を確かめた。うん、問題ない。オレは自由に、自分の体を動かせる。試しにほおをつねってみた。痛みの感覚は、現実とまったく同じだった。「夢でつねっても痛くない」というのは嘘《うそ》だったと知った。

父がいたので、オレは夢の中の父に話しかけてみた。

「お父さん」

「ん？　なんだ？」

夢の世界の父は、いつものように仕事をしながら、背を向けたまま答えた。

「ここって、夢の世界なんだよね？」

「おお、そうだ。ここは夢の中だ」

父はそう言って、手元の作業に集中しているようだった。とにかく、間違いなくここは夢の世界だった。

オレは家を出た。まずは近所を歩いた。街並みはまったく現実の世界と変わらず、パン屋があったり、空き地があったり、ラーメン屋があったりした。知り合いには誰も会わなかった。見知らぬ人が歩いていたが、もともとここは駅にも近い商店街なので、見知らぬ人が歩いていてもめずらしいことはない。

とにかく、ここが夢の中であり、現実とまったく変わらない世界だと確信した以上、オレは以前から温めていた計画を実行することにした。

それは、当時好きだった女の子の家に行くことだ。

完全なスケベ心以外何物でもない。だが、現実には実行できないあんなことやこんなことが、夢の中なら許される……いたって健全な男の子のもつ、不健全な願望だ。

意気揚々と、学区内としては少し遠い、その女の子の家に行った。

ちなみにいままで、彼女の家の場所こそ知っているが、中に入ったことはない。学校ではほとんど口も利かない。しかし、いまなら何でもできるのだ。

その子の家の前に着いた。オレは、ドアノブへ手をかけた。

すると、不思議なことが起きた。ドアが、開かないのだ。

開かないといっても、鍵がかかっているとか、そういうことではないのだ。

そのドアは、ドアの形をした一枚の完全なる壁だった。木目も、すりガラスも、ドアノブの取っ手も、一つひとつの部品で構成されているのではなく、ドアと壁に境目はなく、完全にひとつのものだった。ドアの形と模様をしているだけだった。開けるとか開けないとか、そういう段階の話ではなかった。

オレは唖然《あぜん》とし、途方に暮れた。

夢とはいえ、悪いことはできないのだろうか？

がっかりしながら、家へ帰った。せっかくの夢の中なのに、前から妄想していた計画は実行不可能だし、友達にも誰にも会わないし、この世界は思ったより退屈だった。

——あー、もういいや。これ、いつ覚めんだろうなぁ。

そう思いながら、家に戻った。父は先ほどと同じ姿勢で仕事をしていた。オレは居間へ行き、つけっぱなしだったテレビの前で座った。

退屈な午後。テレビを観ながらうとうとして、そのままオレは夢の世界で眠った。

すると、こっちの世界のオレが目を覚ました。

朝になっていた。まったく眠った気がしなくて、その日は眠くて仕方なかったことを覚えている。

どうしてあの女の子の家に入ることができなかったのか、いまだにわからない。

Episode
68
交差点での決闘
~明晰夢2

夢の中の自分を、まるでこの現実世界同様に、自由意志でコントロールできる夢を「明晰夢《めいせき》」というらしい。「夢だ！」と気づくことはあっても、小学生の頃に見たような、あれほど自由度の高かった明晰夢はそうそう訪れなかった。

しかし、それが再びやってきた。高校2年生のときだ。

知らない街にいた。

いま思うと、まるで渋谷のスクランブル交差点のような繁華街だ。高いビルがひしめき、電光掲示板があり、ひらけた交差点の上に見える空がよく晴れていたのをよく覚えている。ちなみに当時、オレは田舎町に住み、東京のそのような風景を見たことがないから不思議だ。

オレはそこで、青信号のスクランブル交差点を渡っているときに、唐突に気づいてしまった。そう、それは唐突に訪れるのだ。

——あ、これ！　夢だ！

夢の中で、目覚めた感じ。覚醒した、とでもいおうか。すべてはリアルそのものだった。オレが急に立ち止まったので、オレの背中に人がぶつかった。オレは慌てて交差点を渡った。

——さてと……。

ここは、どこだ？　見たこともない場所だ。以前、こんな感覚になったのは小学生の頃だ。そのときは家であり、自分の住む街だった。だが、今度はまるきり知らない場所だ。

しかし不思議なもので「知らない」と認識しつつ、夢の中のオレは、そこを「知っていた」のだ。説明しづらいのだが、オレの意識は「いまの自分（田舎町に住む高校2年生で自宅で眠っている）」と「夢の中で繁華街のストーリーの中にいる自分」の両方を認識していて、多少の分裂感はあった。

まあどちらにしろ、「この場所を知っている自分」という認識があるので、場所の問題で不安になることはなかった。

問題は「何をするか？」だった。以前は、好きな女の子の家に忍び込もうとしてそれが叶《かな》わなかったという苦い思い出がある。今回は同じ轍《てつ》は踏むことはないようにせねば。


交差点を渡る人たちを見ていた。そこに、ゆっくりと歩いてくる、同世代の男がいた。パッと見で、生意気そうなやつだと思った。

学校にもいたが、いつも強いやつにくっつき、媚《こ》びへつらって、自分はたいしたこともできないのに威張っている……そんな感じのダサいヤンキー小僧に見えた。

——よし。あいつを思いっきりぶんなぐってやろう。

オレは思った。ちょうど、むしゃくしゃしていたのだ。それだけでなく、「どうせ夢なんだから、何したっていいだろう」と、人としてかなり低俗な意識が働いていたことは認めよう。何、昔のことだ。気にするな。

オレは再び交差点へ戻った。にらみつけながら、そいつの真正面に来た。

「おい」声をかける。

MONSTER BURGER
UDON SOBA
CINEMA DROME
シネマドローム
MAD Koffie
GAME KONG
24

「あん？」と、そいつは言う。一丁前にイキがっているが、「たいしたことない感」がにじみ出ているチビのヤンキーだ。

――こいつなら勝てるな……。

基本的に、オレは勝てる戦いしか、しないタイプなのだ。

ちなみに、オレの父は若い頃ボクシングをやっていて、家にはグローブがあり、小学生の頃からボクシングの〝いろは〟は教えられていた。

取っ組み合いにならず、もしも打撃だけでやれるなら、腕にまったく自信がないわけではなかった（もちろんケンカは格闘技ではない。力技になった途端、腕力のないオレの惨敗は決定する）。

そこでオレは左手でそいつの胸ぐらをつかみ、右拳で鼻面にストレートを入れる……つもりだった。しかしなぜだか、手が思ったように動かないのだ。

パンチを繰り出す瞬間までは自由に動く。それなのに途中で、体がさびついたブリキのおもちゃみたいに、全身の筋肉にブレーキがかかり、体が硬直して、それでもようやく相手にパンチを当てても〝コツン〟という程度。

――なんでだ!!

オレは自分に何が起きているのかわからず混乱する。

そして、不公平なことに、相手はとてもスムーズに動き、オレに反撃。オレは見事にそいつになぐられる。鳩尾《みぞおち》に膝げりを食らう。

ここまでリアルな夢なので、立派に「痛い」。しょぼいヤンキーになぐられることに余計に腹が立ち、さらにパンチを繰り出す。だが、やはり動きが途中でギクシャクして、オレのパンチは相手にコツンと当たる程度。

そして、オレが手を出した後に、そいつは無言で、オレになぐりかかる。

——おかしい！　そんなはずはない！

オレは基本にのっとり、構えを取り、足を動かし、相手の左側に回り込みジャブを打ち距離を測り牽制《けんせい》する。当てるつもりのない牽制のジャブは普通に打てる。しかし、ワン・ツーでストレートになると、途端にオレの体はまた動かなくなり、避けられるか、コツンと当てるだけ。

そして、またなぐられ、けられる。痛みはリアルだ。

そんな戦うオレたち（オレが一方的にやられているようなものだが）の周りで、それを気にする人はなく、人々は縦横無尽に、スクランブル交差点を渡りつづける。

しかも、信号機はいつまでも変わることがないのか、ずっと人々は歩きっぱなしだ。そうはいっても信号機や車の動向を見る余裕はなく、オレはただ人混みの中で、何度も何度も、相手をなぐろうとしては、なぐられる。それを繰り返しているうちに目を覚ました。

朝だった。いつもの、自分のベッドの上だった。

はっきりと、いま起きていたことを覚えている。

「はー、何も進歩ねえな、オレ」

以前は女の子にスケベなことをしようとして、今度は、気にくわないやつをいきなりなぐるという愚行を働こうとしていたのだ。頭の中は、小学生の頃からあまり発展がないのかと思い、朝からさんざんな気持ちになった。

しかし、夢とは何なのだろう。**いま見ている世界も、ひょっとして夢なのかもしれない。**もし、この世界で本当のオレが目覚めたら……なんて考える。

そしてそれは、あながち間違いではなかったと、大人になりスピリチュアルや霊的世界を知り理解した。

Episode 69 予知夢

子供の頃、2度ほど人が死ぬ夢を見て、それが現実に起こったことがある。

いわゆる予知夢、というやつだ。

ふたつとも共通していたことがある。先に言っておくが、その死んだ人というのは、近所の父の友人と、何度か面識ある程度の遠い親戚だ。オレにとってはかなりどうでもいい関係の人だったので、ドラマチックな話は何もない。


夢の中で、その人の写真だけが現れる。

遺影、と呼ばれるタイプの額縁に収まった写真。

しかし、なぜか逆さまになって置いてある。オレは夢の中で、どうして逆さまなのか考えるが、もちろんわからない。

すると、誰かが親切に、オレに教えてくれた。

「**こうやって逆さまになっているのは、そっちの世界で死ぬって意味だよ**」

オレは夢の中でも比較的自分の意識を保っていた方なので、その会話をよく覚えていた。ただ、その話し相手が〝誰〟なのかは、いまだにわからない。

それで夢は終わり。その「何者か」と会話はあったが、光景的には、父の知人の近所の人の写真が、逆さまに置いてあっただけという、不思議な夢。

そして翌日、学校から帰ると、父が黒のスーツを着ている。

自営業の父がスーツを着るのは冠婚葬祭くらいだ。

「どうしたの？」と聞くと、

「〇〇さんが急に亡くなってな……」と言うではないか。

その父の友人の死に関しては、悲しくもなんともなかったが、夢で見たことが現実になったことに驚いた。しかしこの時点では、何かの偶然かもしれない、という気持ちはあった。

しかしその数か月後に、ある親戚の男性の遺影が逆さまになって、夢の中に現れた。

それだけの夢だ。今回は特に会話や声もなかった。

目が覚めた後、漠然と思った。

——ああ、この人も死ぬのかもしれない。

でも先ほども言った通り、別にオレにとって親しくもなんともない人なので、彼の死に対して悼む気持ちはこれっぽっちも湧かなかった。

翌日、特に何事もなく一日が過ぎていった。学校から帰り、夕食を食べた。

「あれ？　今回は違ったのか」

少し安心して、オレは父にこう言った。

「昨日さ、おじさんが死ぬ夢を見たんだ」

すると父は、「あれ？　言ったっけ？」と不思議そうな顔をした。

「そうなんだよ。昼にな、息を引き取ってな。明日通夜があるんだ」

どうやらオレが話したときには、すでにその予知夢は達成されていたようだった。

特に親しい親戚ではなかったので、父も母も、家での話題にはしていなかっただけだった。父はテレビを観ていて、オレの話にはやや上の空だったので、それ以上何も言わなかった。

自分のなんらかの超能力で、予想がピタリと的中したならうれしいものなのだろうが、人の死を当ててうれしい気持ちにはなれなかった。

だからこう思った。

――この能力、いらないな。いったい、何の意味があるのか。

そして、オレの願いが通じたのか、それ以来、暗示的な予知夢こそあれ、正確な予知夢というのはない。まして人の死を予見するなんてことはない。

ちなみにあの夢の中で、オレに「逆さま写真」のことを教えてくれた声が誰なのかは、いまだにわからない。

Episode 70 さなぎになる夢

2011年の3月11日。東日本大震災があった。

オレはその頃東京に住んでいたので、津波や原発関連の被災こそないが、あの大きな地震の揺れを体験し、その後に都心部で起きた水不足や紙不足、ガソリン不足など、いろいろな騒動を見た。ただ、奇跡的に我が家は不便をかぶらなかった。強いていえば職場の方がパニックだった。

あの震災をきっかけに、意識が変わった人は多いだろう。

都会を離れ、田舎で暮らす人もぐんと増えた。移住者の多くが、原発や放射能への「恐れ」からの移住だが、それをきっかけに、自然との調和ある暮らしに目覚めた人も多い。我が家は、そういう「恐れ」ではなく、ちょうど都会生活が億劫《おっくう》になり、健康オタクを極めるべく、自分で野菜を作りたくなり移住となった。

話が逸《そ》れたが、とにかく、あの震災は多くの日本人への目覚めの一撃だったのだろう。もちろん、被災した人や、いまでもその被害から立ち直っていない人もいるだろう。不便を感じている人には同情するが、そういう実態すべてが、日本人への危機感や、現世界への見直しなどの目覚めの道筋になったと思う。

じつはその前日。つまり3月10日。

オレは不思議な夢を見た。当時の日記にもつけてあるので、確かだ。

夢の内容としては、自分が「さなぎ」になるという、奇妙な夢だった。

白い繊維でできた球体の中に入り、その中で眠りにつく。

オレが中に入ると、その白い球体はオレの全体を覆って、外からはオレの姿は見えなくなる。見た目は、うっすらと光る白い繭玉。不思議な感覚だった。いまも覚えている。

ちなみに夢の中のオレは眠る前にわかっていた。**目覚めるときは、姿を変えた、別の存在になると。**

そして翌日、「3・11」東日本大震災が起きた。この夢は、実際にこの現実世界を象徴していると思った。

その象徴とはオレ自身でもあるが、日本人全体の意識だったのでは……と後から思った。確かなところなんてわからない。とにかくあの頃、オレや、オレたち全体の意識が、繭の中に入り、さなぎになったのだ。

しかし、2016年のある日、**さなぎから出て、白い階段を上っていく**……という不思議な夢を見たことがある。

そして実際に、オレは２０１６年を境に、劇的に人生が変わったので、なんらかの「目覚め」が起きたのではないだろうかと、個人的には思っている。この夢は、実際にこの現実世界を象徴していると思った。

Episode 71 子供ができる夢

オレには一人息子がいる。

オレが29歳の頃に生まれた。

ちなみにオレは若い頃、誰とも結婚をしたいとも思わなかったし、まして自分のような欠陥品な男が、父親になどなれると思ってはいなかった。

しかし、当時付き合っていた女性（後の妻）のお腹《なか》に、子供が宿った。

じつは、彼女にそれを告げられる前に、オレは不思議な夢を見ていた。

どこか、田舎の風景で、二階建ての家と、広い庭には、草木が生い茂り、畑のようなものもあった。畑や庭を仕切る柵のようなものもあった。

その庭先に、なぜか彼女が「お姫様」のような服装でいて、子供が二人いた。

一人は男の子、もう一人は女の子。

……という、夢だ。

起きた後、不思議な感覚に包まれた。それは「予感」だった。

そして、その予感は的中した。妊娠したと、告げられた。

おそらく、その出来事がなければ、「結婚しよう」とは思わなかったかもしれない。

もしくは、婚期はもっと遅くなっていただろう。

なぜならオレはむしろ「誰とも結婚したくない」と思っていたから。しかし、運命に背中を押され、オレは彼女と結婚することになった。

結果として、子供は一人。

しかし、あの夢で見た男の子は、まさしく、いまのオレの息子なのである。こうして話すと後出しジャンケンのように聞こえるかもしれないが、確かに、オレは夢の中で、29歳の頃にすでに息子に出会っていたのだ。

そして、当時は東京都練馬区に住んでいたが、あの景色も、いま住んでいる長野県の家にそっくりなのだ。

あの頃は田舎暮らしがしたいなど、微塵《みじん》も思っていなかったのに。

夢はオレたちに、いろんなメッセージを投げかけている。

Episode 72 夢の中で練習

自動車の運転免許を取ったのは30歳を過ぎてからだった。

妻が免許と車をもっていたのだが、子供が生まれて何かと大変で、労働力的に、オレも免許を取ることになった。

しかし、自動車教習所は、当時の我々にはそこそこの出費。なんとか「安く」抑えることを考えた。あまり知られていないが、運転免許試験場で運転免許試験がある。

教習や受講はなく、とにかく「一発試験」だ。

だが、その運転免許試験場のテストはかなり厳しく、何度も試験を受け直して、ようやく受かる人がほとんど。仮免許、筆記試験、本試験。多い人は30回以上運転免許試験場に通う。現に、オレが府中運転免許試験場で出会った人たちは、「5、6回受けて当たり前」だった。

その「一発試験」のための対策として「無認可教習所」というものが存在していて、試験のために、運転技術とテストへのノウハウを教えてくれる。普通の教習所に通うよりも、値段は3分の1くらいに抑えられるので、オレはそれを選んだ。

じつは、高校生の頃に無免許運転を数回したことがある。

友人の家の車を勝手にもち出して、仲間たちと夜遊びしていたのだ。田舎の農道を、エンストばかりしながら運転した。だが、それはほんの遊び程度。20年以上前のことで、まったく覚えていない。

だが、その教習所で、オレは教官から「天才だ！」と言われるくらい、最初からマニュアル車を自在に動かしていた。ハンドルさばきもかなりできていた。

じつは、練習をしていた。

いや、もう家庭をもつ大人だ。無免許運転などするわけがない（高校生でももちろんしてはいけない！）。

練習場所は「夢の中」だ。

免許を取ろうと決めてから、オレは頻繁に「運転している夢」を見た。しかも「練習」をしているのだ。

夢の中で、ギアを変えるタイミングや、クラッチの具合、アクセルの踏み方、ハンドルの切り方など、意識しながら、公道を走っていた。不思議と、あまり他の車はいなかった。ただ黙々と車を運転している、そんな夢を何十回も見た。

だから、教習車に乗ったとき、自分でも「あ、わかる……」という気がして、さして緊張もせず、そして一度もエンストもせずにスイスイと教習ができた。教官からは試験への細かいコツだけを教えてもらうだけですんだので、多くの人が追加受講する中、オレはすんなり終わった。

以来、「夢の中でも、人は意識を向ければ練習できる」と確信している。

イメージトレーニングとは違う。

夢という別次元での体験。

もしも何か習得したいことがあるなら、**ぜひ寝る前に、それを練習しているイメージで眠りにつこう。そのまま、夢の世界で体験できるかもしれない。**

ちなみに、本試験ではイージーミスで1度落とされ、仮免では2回落ちて、なんと誰もが簡単という筆記試験で3回も落ちたのだが……。

Episode
73 夢と電話

あるとき、こんな夢を見た。

昔アルバイトしていたお店の元店長から、電話がかかってきて、

「お久しぶりです！」とオレが言う。

「元気か？　最近何やってんだ？」

と店長が言うので、オレは近況報告をする。

そんな、他愛ないが、リアルな夢。

オレは実際に夢の中で、「いま東京から離れて、田舎暮らしして、農業やったり、自然の中で子育てしたり……」と、まさしくそのときの現状を語っていた。店長の方がなんと言ったかは覚えていない。

その店長とは、もうかれこれ3年以上は連絡を取っていなかったし、5年くらい会ってもいない。

ただ、自分が体を悪くしていた頃の恩人でもあり、本当にお世話になった人なので、気にはかけていたし、向こうも、オレのことをけっこう気にかけてくれていた。

——懐かしいなぁ。元気かなぁ。

夢の中とはいえ、さらには電話越しとはいえ、話せてうれしかった。

しかし、その日の夜だ。

知らない電話番号から、携帯電話に着信があった。出てみると、突然こう言われた。

「大島か？　今夜の勤務の、欠員が出てな。現場に出てくれないか？」

なんと、その店長だったのだ。

「て、店長じゃないっすか！」

オレは驚きとうれしさが入り混じった声で言った。

「あれ？　おまえ、あの大島か？」と、向こうも驚いていた。

事情を聞くと、なんと「間違い電話」だったのだ。

ちなみにオレは、いつだか携帯電話が壊れて向こうの番号がわからなくなっていたが、店長はそのままオレの番号を登録してあった。

そして、オレと同じ「大島」という苗字《みようじ》の人間に、業務連絡の「間違い電話」をかけた、というわけだ。


他にも、似たようなことがある。

20歳の頃、仕事で関わった劇団で、好きな女の人がいた。仕事が終わると会わなくなった。よい友達だったが、それ以上の進展はなかった。

彼女のことも遠い思い出となった数年後、突然、こんな夢を見た。

その女の人が、突然オレのアパートにやってくるという夢だ。ちなみに現実において、彼女はオレのアパートに来たことはない。

「ど、どうしたの？　突然……」

やってきた彼女に、夢の中でオレは尋ねる。

すると彼女はこう答えた。

「なんとなく」

夢はそこで終わる。

オレは４年以上前の淡い恋心を思い出し、懐かしんだ。

「あの人、元気かな」と、少しセンチな気分になる。

すると、その日の午後に、突然その女性から電話が来たのだ。オレはびっくりして、こう尋ねた。

「久しぶりじゃん！　どうしたの突然？」

すると、彼女はこう答えた。

「なんとなく。話したくなったの」

さすがに、その一言には、ちょっとゾッとした。

7

不思議な「オバケ?、UFO……奇妙な存在」の話

Episode
74 幽霊はいる。でも、何もしない

中学生の頃。いわゆる「幽霊」と呼ばれる存在が見える時期があった。

もともと、その手の気配には敏感な方だったと思うし、幽霊話、怪談話の類《たぐい》はけっこう好きな方だった。

しかし、実際にそれが見えたり、物音が聞こえたりとなると話は違う。これほど迷惑な話はない。

たとえば、朝窓を開けたら、目の前に3人の人がいたり（オレの部屋は2階だ）、誰もいない部屋で人が歩き回っていたり、物置にぼんやりとした「白い人」がいたり……。またあるときは、隣の部屋の仏壇の前のあたりから物音がし、さらにそこから足音がこちらの部屋に向かってくる……などなど、いわゆる怪奇話が実際に起こっていた。

気が気じゃなかった。警戒しているとそうではないのだが、気を抜いたときに、それはふいに見えたり、聞こえたりする。

夜中、眠っていたら体が重くて目が覚めて、黒い人影がのしかかっていたこともある。当然身動きできず、いわゆる「金縛り」というやつが起きている。頻繁にそれが続くと、中学2年生のオレの神経は日に日にすり減り、気が狂いそうになった。

オレは明かりを消すことができなくなり、常に音楽を鳴らしていないと落ち着かなくなった。寝るときもCDアルバムを流しつづけた。

この世には、目に見えないものたちがいて、その多くが、なんらかの「念」を残している。だからみな恐ろしい表情をしていたり、気味の悪い冷気のようなものを放っていたりする。

しかし、あるときオレは気がついた。

彼らはいる。

確かにいる。

他の人には見えなくても、いる。

しかし、**実害はないのだ。**

確かに怖い。でも、彼らが直接オレに何か危害を加えることはない。

ポルターガイスト現象は、せいぜい電球を点滅させるとか、足音を立てるくらいだ。

――ひょっとして、彼らは何もできないのでは？

オレはそんな仮説を立てた。

そして、観察してみると確かに彼らは存在しているだけで、何もしてこない。

怖い顔をして、おどろおどろしい気配を醸し出すだけで、実際に何かしてくるわけではない。

そもそも、それらの大半が、オレに用があるわけではないとわかった。それがわかると、オレはあまりその人たち（？）が、怖くなくなったのだ。

夜中の金縛りも同様だ。

そもそも、夜中は寝ているので、無理に動くこともなく、さすがに深夜にベッドの隣に人影があるとびっくりするが、別に何かしてくるわけでもないのだ。

オレはそのまま動かずに眠ることにした。そこで無理に動こうとするから苦しいし、怖いし、疲れるのだ。

すると不思議なことが起きた。

彼らのことが、見えなくなったのだ。

ピタリと、そういう現象が起きなくなった。

ときどき気配は感じるが、別にめずらしいことではなく、気にならなくなった。金縛りにあうこともほとんどなくなった。

自分の「怖い」という感情が、さらなる怖さを生み出すのだろう。本当に「怖い」ことなんて、そうそうないのだとわかった。強いていえば、生きている人間相手の方が、よっぽど怖いのでは……。

後になってから、彼らが何なのか考えたが、それは一種の「残留思念」なのだろう。

そして、その周波数に、14歳の多感だったオレは、ラジオをチューニングするように、意識を合わせていたのだ。意識を変えれば、それらに波長が合うことはなかった。

いまでも、合わせようと思えば合わせられるのかもしれない。

でも、あの「恐れ」という周波数は、いまはなかなか難しい。なぜなら、もう「怖くない」と知ってしまったから。

Episode

75 ＵＦＯは見せたい相手を選んでいる？

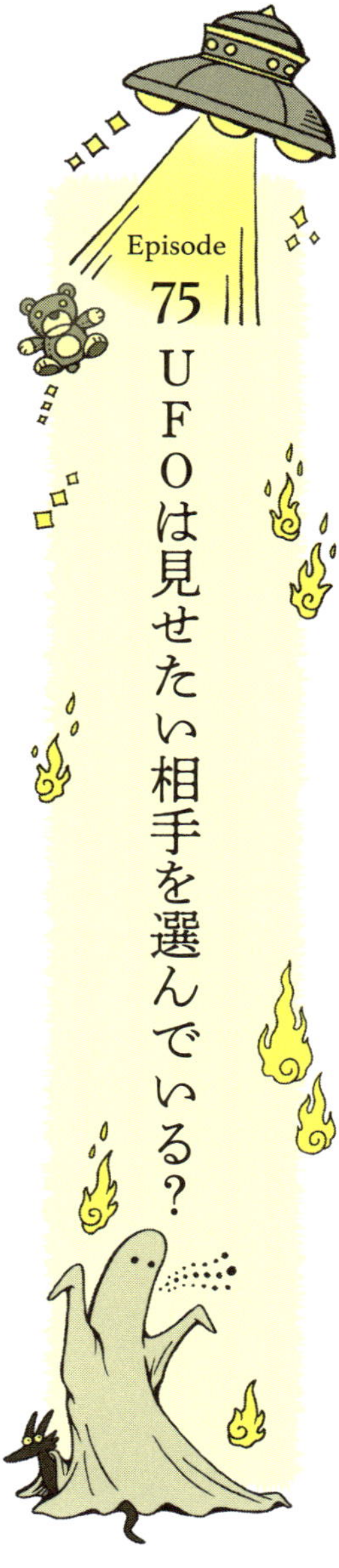

ＵＦＯを見たことがある。

初めて見たのは、小学６年生の頃だ。

忘れもしない、大晦日《おおみそか》の夜。

兄と兄の友人が、深夜12時過ぎに（家は兄の友人たちの溜《た》まり場だった）、近所の龍宮《りゅうぐう》神社へ初詣に行こうとしていたが、何やら玄関の外で騒いでいる。

「ＵＦＯだ！」

オレも外に出てみる。

神社は、通りの山側で、反対の海側の空に、星……ではない、光が、３つほど浮かび、それがゆっくりと、ゆらゆらと下降したかと思うと、突然「ぱっ」と消える。

そしてその瞬間に、また夜空に「ぱぱぱっ」と、ふたつか３つ、さっきとは違う場所にその光が現れる。そんなことが、しばらく続いた。

不自然というか、ありえない動きだ。

星ではない。……かといって人工衛星とか、飛行機とか、そういうレベルの動きではない。

そしてさらに不思議だったのは、家は神社通りなので、兄と兄の友人数人と、オレ以外の人間も通りにはたくさんいたのに、**その他の人には見えていないことだ。**

我々がそんなに騒いでいるにもかかわらず、みんな指差す方を見るには見るが、誰もが無関心なのだ。

むしろ「何を言っているんだ？」という感じで、冷ややかな視線を向ける。**UFOは、見せたい相手だけを選んで見せる**という話があるが、たぶんそうだったのだろう。

それ以降もいくつか、似たような不思議な光はいくつか見たが、はっきりと「円盤」型のＵＦＯも見たことがある。

八ヶ岳山麓に移住した翌年。

当時は、畑作業に精を出していた。自然農という農法で、米や野菜を栽培していた。

Episode 76

ジーパンの男

夏で汗だくだった。ずっとしゃがんでいたので、腰が痛くなって、オレは鎌を持ったまま立ち上がり、体を伸ばした。

すると八ヶ岳の上空に、くるくる回りながら飛んでいる、銀色の物体が見えた。

——飛行機？

思わず目をこすった。しかし、どう見ても、漫画に出てくるような円盤なのだ。くるくると、強い日差しを反射させながら、回って静かに空を横切った。視界から完全に見えなくなるまで、それはまっすぐに空を飛んでいた。

一人だったので、誰にも言えなかったし、当時はiPhoneではなかったので、写真も撮れなかった。しかし、はっきりとこの目で見たのだ。

八ヶ岳山麓は、ＵＦＯ目撃情報がとても多い。きっとそういうことなのだろう。

中学生くらいの頃、あちこちに地縛霊やら何やらが見えたり、気配をはっきり感じたり、彼らの発する音が聞こえたりするという時期があった。しかし、「恐れ」をなくすとそれらは見えなくなったと、前にも書いた。

とはいっても、その後もたまにはそういうことはあった。

基本、家にいるレベルの幽霊なら、ちょっとくらい見えたとしても気にしないので、誰かに言うことでもないし、どうでもよかった。

ただ、頻繁に同じ人間、いや、幽霊？　を見るとさすがに気になる。

その男は、白いTシャツにブルーのデニム姿。

歳《とし》は10代後半から、せいぜい20代半ば。背丈は、高校生の頃１７５センチの身長のオレと、だいたい同じくらいだと思った。

顔はあまりわからない。前髪が長い、というくらいだ。

もちろん彼も他のいろんな幽霊と同じく、基本的には何をするわけでもない。

ただ時たま、家の中で見かけるのだ。

見た目も爽やかなので、怖いという気持ちも起こりづらかったのはある。

しかし、一度だけ、ちょっとびっくりしたことがあった。

高校3年生の3学期で、卒業間近。オレは学年ワースト1位の成績と無断早退のおかげで、卒業式の前日まで補習に通っていた時期だった。

そんなしょうもない記憶とセットで、よく覚えている。

オレはその日、理由は覚えてはいないのだが、やけに早い時間に、うつ伏せで寝ていた。うつ伏せで眠ることは基本的にないので、よっぽど疲れていたのだろう。なんせ友人は全員休みだから、それに合わせて夜通し遊ぶものの、オレは朝から制服を着て学校に行っていたのだ。

眠りこけていたら、いきなり首根っこを強くつかまれて、目を覚ました。

「やべえ、兄貴だ！」と、とっさに思った。

「CDを勝手に拝借したのがバレた！」と、オレは思ったのだ。

似たようなことが過去に何度かあった後だった。兄はすぐにちょっとしたことで怒り、暴力的になる。

何か、低い声で、怒るというより、忠告してくるような言い草だった。何度も「わかったか！」と、首を締め上げられ言われた。

しかし、オレも半分寝ていて、会話の内容は、じつはほとんど覚えていない。

首が痛いので、オレはうつ伏せのまま、その手を払おうと自分の手を振った。
すると、オレの手は空を切った。

——え？

そう思うのも束《つか》の間、

「いいな！　わかったな！」

最後にそう言い残し、その手は離れ、足音を立てて、部屋から出て行った。

しかし、ドアの音がしなかった。そしてその足音は聞いたことがある。

「あいつだ……」オレはがばっと跳ね起きた。

念のため、兄の部屋に行ってみた。兄の部屋には、兄と兄のバンドの仲間が二人いて、３人とも各々が漫画を読んだり、ドラムのスティックを持って、音の出ないパッドで練習していたりした。

「ねえ。いま、オレの部屋に来なかった？」と聞いたが、「は？」と返されただけだった。いまの内容を話そうかと思ったがやめた。話してもバカにされるだけだから。

あの、ジーパンの男は、いったいオレに何を忠告したのだろう……。

しばらく、それが気になって仕方なかったし、また会えるなら会いたいし、せめて話ができるものならしてみたいと思った。

だが彼の姿は、こちらが強く意識しはじめたせいか、見ることはなくなった。いや、正確にいうと、数年後に見かけるのだが、全然違う場所で見かけた。それはまたの機会に話を譲ろう。

ただいまだに、あの日彼がオレに伝えたかったことを、オレは知らないのだ。

Episode 77 ジーパンの男の目撃談

ジーパンの男は、オレだけが見ていたとするなら、「妄想」と片づけられても仕方ないが、少なくともオレの他に二人から目撃されている。

ちなみにオレの家では、ちょっと不思議な怪奇現象はたまに起こる。

よく泊まりに来た友人が金縛りにあったとか、いるはずのない年寄りを見たとか、そういうことは何度かあった。

「この家には恐ろしくて入れない」とオレの家の玄関にすら入るのをこばむ、霊感の強い少女なんかもいた。

「ここ、お祓《はら》いとか、除霊とかした方がいいよ」

その娘《こ》に本気で言われた。しかし、オレはもう、そういうのは怖くなかったので気にしなかった。

さて、そんなオレの実家は駅から近いこともあり、いわゆる「溜まり場」だった。

常時、ガラの悪い高校生がたむろっていて、タバコの煙に巻かれ、楽器類と漫画週刊誌と麻雀牌《マージャンパイ》が散乱し、飲み会やら合コンの残骸の酒瓶が転がっていた。

ある日。家に泊まっていた友人がこう言った。

「おまえの兄貴、初めて見たよ。こえーなー」

聞くと、明け方に背の高い、ジーパン姿の男が部屋の中に立っていて、その友人のことを、じいっと見つめていたらしい。

友人はオレの兄だと思い、軽く会釈したが無視されたという。だが、深夜から明け方まで騒いでいたので、そのままずぐに寝たという。

Episode
78
ジーパンの男、再び

その日、兄はいなかった。

間違いない。あいつだ。オレはそう思った。

またある友人が言うには、玄関でジーパン姿の男とすれ違い、あいさつをしたが、無視され、そのまま横をさっと通りいなくなったそうだ。玄関のドアから出ていったのだろうと思ったが、よく考えると、ドアを開けずに出ていった……と。

「ああ、なんかそいつ、いつも家にいるんだけど、気にしないでくれ」

と、オレは言っていた。友人たちも気味悪がったが、「まあ、そうならいいか」と、やがて忘れてしまったようだ。

田舎の少年たちは、それくらい、どこかさっぱりしていたのかもしれない。

実家でたびたびお目にかかった「ジーパンの男」。

首根っこを押さえつけられたときはけっこう痛かったが、嫌な感じはしない。

たとえるなら、感情に任せた暴力とは別の、教師や親からのしつけとしての愛のあるゲンコツという感じなのだ。

おそらく、きっと何かオレに注意をうながしたのか、本当に忠告したんだと思う。

当時はしょーもないことばかりしていたし……。

後から知ったのだが、うちには「水子」がいたそうな。

すでに死んでいるオレの兄は3つ上で、その1歳上に、事情により堕胎した命があったと、父から大人になってから聞かされた。

ひょっとして、その水子は男の子で、見えない姿のまま、我々と共に成長していたとするなら、ちょうどそのくらいの年頃だ。

何の確証もないし、いろいろとアプローチを試みてもわからない。エネルギーとか、スピリチュアルのことを学び、他人のリーディングやチャネリングということはできても、こと自分に関することだとなかなかできないものなのだ。

オレは20歳で実家を離れた。

彼の姿は、いつかうつ伏せで寝ているときに首を押さえつけられた夜以来、見ていない。

東京の生活はめまぐるしく、オレはミュージシャンになるという夢を追いながらも、病気になり、とにかく自分のことで精一杯の時期だった。そういう不確かな存在を意識する暇などなかった。

だが、千葉県の友人の家に行ったときだった。

数人の仲間が一緒だった。友人が車をガレージに駐車するまで、我々は家の前でタバコを吸いながら待っていた。

車を降り、友人が出てきた。みんなで彼の家に入ろうとしたときに、オレは車に忘れ物をしたことに気がついた。半地下のようなガレージの方へ向かった。

そのとき、すぐ斜め前にジーパンの男がふっと現れ、ガレージへ消えていった。

ちょうど、友人の一人が、似たような服装だったので、とっさに後ろを振り返り、姿を確認する。友人はすでに、玄関の方にいた。

やはり、いまのは、彼だ。

——オレに、ついてきているのか？

てっきり、実家のあの家にいると思っていたのだが、千葉県でお目にかかろうとは思わなかったので、さすがに驚いた。

しかし、特に何かそれにまつわる出来事が起こったわけではなく、そしてそれ以来、彼の姿は一度も見かけていない。

Episode 79 壁から手

呼吸不全の頃は、いろんな体験があった。

もちろん、「静寂」という名の神との出会い（Episode 34、35）が一番大きな体験だったが、その他にも不思議なことはあった。

久しく、幽霊などの怪談じみた体験からは遠ざかっていたが、この頃、じつに怖い目に一度あっている。

明け方になると、気圧が上がってくるのか、呼吸が幾分楽になり、ようやく寝られる。しかし、その日はしばらくして、久しぶりの金縛りで目が覚めた。

当時、床に布団を敷いていて、オレは壁側を向いて寝ていた。突然目が覚めたが、体はピクリとも動かない。あの、独特の感じ。

——おいおい、何だよ、ようやく気持ちよく寝られたっていうのに！

オレはやっと訪れた睡眠を邪魔されたことに怒りを感じたが、それも束の間。

目の前の壁から、白い「手」がにょきにょきっと出てきたのだ。

そして、その手はオレの右手首をつかんだ。

手は、冷たくて、オレの全身が恐怖で粟立《あわだ》った。

そしてオレの手首をぐいっと引っ張る。オレは必死に抵抗するが、すごい力で引っ張るのだ。そもそも金縛りが起きている。抵抗なんて実際はできていなかったかもしれない。

そして気がつくと、白い手に引っ張られたオレの手が、壁の中に入るのだ。壁の感触はない。ただ、壁の中に、オレの手が、腕が、引きずり込まれる。

「ひぃぃぃぃぃぃ」

オカルトの漫画に出てくるような悲鳴を、生まれて初めて自分自身がリアルに発しながら、抵抗した。

手が外れ、オレの体は反対側に反動で弾き飛ばされた。……らしい。

というのも、オレはどうやら寝ていたようだ。布団から飛び出た反応で「目を覚ました」という状態だった。

右腕はしたたかに畳に反動で打ちつけられた痛みがあった。

「夢……か……」

汗をかいていた。恐ろしい夢であり、恐ろしくリアルな感覚だった。

自分の右手を見ると、確かに強くつかまれていたような、皮膚が擦れた赤みがあり、ヒリヒリと痛んだ。つまり、ただの夢ではないということだ。

久しぶりの恐怖体験であり、彼らは「見えるだけで何もしてこない」とタカをくっていたのに、壁の中に引きずり込もうとするという荒技。

さすがに怖くなり、オレはその日から布団の位置を変えた。壁からは離れた位置で寝るようになった。

後にも先にも、一度きりだが、あれは確かに怖い体験だった。

でも、あの壁の中は、いったい何があるのだろう？

おそらく、あまり楽しいものがあるとは思えないのだが……。

Episode 80 電気の点灯

父は着物に家紋を描いたり、刺繍《ししゅう》したりする職人だった。

だから、いつもあぐらをかいて机に向かい、黙々と仕事をしている父の後ろ姿を見ていた。

夜になると、手元を照らす電気スタンドを灯《とも》す。

小さい蛍光灯タイプの、細長い電気スタンドだった。

蛍光灯なので、定期的に点《つ》かなくなり、交換する。大抵、チカチカと点滅し出したり、薄暗い部分ができたりする。

しかし、**交換したばかりの蛍光灯が、突然チカチカと点滅**するときがあった。

オレもその現場を実際に、何度か見たことがある。

なんとも、違和感のある、点滅なのだ。

「ああ、悪い知らせが届くなぁ……」

父は言う。すると本当にしばらくして、電話が鳴って、誰かの訃報とか、病気や事故の話が届けられる。

1度や2度ではなかった。オレが知っているだけで3回はある。父はもっとそれを見ていたと思う。

「昔から、こうなんだよ」

普段、そういう怪談めいた話はあまりしなかったが、父は父で、そういう世界があるということはわかっている人だった。

だから、その蛍光灯が点滅するとドキッとしたものだ。

しかしある日、その電気スタンドは壊れてしまい、新しいものに買い換えられた。

その新しい電気スタンドは有能なのか、電球がおかしな点滅をすることはなく、至極真っ当に、電気スタンドとしての機能を果たしていた。

いったい、あの電気スタンドの点滅は何だったのだろう？

Episode
81

おまえにしか見えない

中学2年生の頃だ。

すごく怖い、不思議な夢を見た。

ぼんやりと、目を覚ました。まぶたの奥に、かすかに明かりが差し込む程度。おそ

らく明け方か早朝だろう。そうぼんやりと思いながら、再び眠りのまどろみの中に落ちようとしていた。

声が聞こえた。

耳で聞こえたというより、心の中で聞こえる。独り言や、頭の中のおしゃべりとは違う、不思議な声。

「見えるだろ?」

そのときには、まだ幽霊的なものへの耐性はない頃だったが、怖いとは思わず、オレはその声を無視して眠ろうとしていた。とにかく眠かったのだ。

「見えるだろ?」

声はしつこく、同じ調子で繰り返す。オレは「声だけの変な夢だ」と思いながら、とにかく眠かったので無視を決め込む。

しかし、いい加減しつこいと感じたので、声には出さず、胸の中で答えてみた。

——目つぶってるからなんも見えねーよ。

しかし、声はまたも、

「見えるだろ?」と繰り返す。

――見えねえって言ってんだろ！　しつけえな。

すると、「おまえになら見えるはずだ」と、そんなことを言う。

――見えるも何も、オレは目をつぶってるから、何も見えないって。眠いんだよ。

ほっといてくれ！

「おまえにしか見えないんだ」声は続ける。

「**よおく見てみろ**」

声がそう言うので、オレは仕方なしに、まぶたの裏のうっすら白みがかった闇の中で目を凝らした。ちなみに、オレ自身は「夢」だと思っているのだが。

――いや……何も見えねえよ。やっぱ暗いだけだ。

「もっとよく見てみるんだ。おまえなら見えるんだ。おまえにしか見えないんだ」

この夢にうんざりしてきた。

「いい加減にしてくれよ！」

実際に、声に出して言ってしまった。

「**よおく、見るんだ**」

そう、繰り返すので、オレは再びまぶたの裏側の暗闇に意識を集中した。

先ほどより、長い時間、目を凝らしていたが、やはり結局何も見えず、

「やっぱりなんも見え……」

見えない、と言いかけたときだった。

オレは、見て、しまった。

意識を失うほどの、鮮烈なものだった。

しかし、鮮烈すぎて、覚えていない。

いや、もしあれを覚えていたならば、オレはぶっ壊れてしまったかもしれない。それほど、すさまじいもので、この両手で抱えられる程度の大きさの頭の中に、巨大な爆弾が破裂したような感覚だった。

とにかく、内容自体は覚えていないが、

「オレはおのれのすべてを見た」と、直感的に思った。

ほんのワンシーンだけ、はっきりと覚えている。

いつだかどこかで、「胎児」のまだトカゲのような顔を見たことがあるが、あれにそっくりの顔。

皮膚はピンク色だが、トカゲのようにザラザラしてそうな印象だった。そして、真

っ白な長い髪の毛が生えていて、オレに向かって口を開けて迫ってくる……という
シーン。そこだけが、いまでもはっきりと思い出せるくらいに、鮮明に覚えている。

しかし、驚いたのはその後だ。とにかくオレは「すべて」を見た後、大きな叫び声をあげてベッドから跳ね起きた。

上半身が完全に起きて、意識も覚醒していた。オレは、「ゆ、夢か……」と、胸をなでおろした瞬間に、はっきりと、耳元で、その声を聞いた。

「ほら、見えただろ?」

完全に、聴覚で捉えた声として認識された。

オレは再び、恐ろしさに叫び声をあげ、とにかく部屋から出て、陽《ひ》のあたる南側の部屋へ行った。時間は6時。すっかり外は明るかった。

いったい、あれは何だったのだろう?

大人になったいまでも、あのときの体験が、何を意味しているのかはわからない。

Episode 82

クマのぬいぐるみ

オレはクマが好きだ。動物全般好きなのだが、特にクマが好きで、動物園でも、とりわけクマの檻《おり》の前は、長いこといてしまう。ホッキョクグマ、ツキノワグマ、マレーグマ、パンダ。どんなクマ科の動物も好きだが、特にヒグマが好きだ。あの大きさ。一番ずんぐりしていてかわいい。

我が家には、クマのぬいぐるみがいる。オレはぬいぐるみとはいえ、やはりクマが大好きで、枕元にいつもいる。

ちなみに大きさは30センチもない。ふてぶてしく立っている姿勢の、茶色い毛のクマ。これは結婚する前、妻へ北海道のお土産として買ったものだった。

息子が生まれてからも、いつもそばに置いておいた。

「クマさん」と呼んで、家族の一員くらい大切な存在だ。

あるとき、息子が高熱を出した。3日くらい続いた。

1歳になるかどうかのときで、オレも妻も初めての体験だった。多くの親と同じように、心配し、安眠できない夜が続いた。

3日目の夕方頃だった。

オレも妻も、ほんのちょっとだけ、真っ赤な顔をして寝ている息子から目を離した。

オレはトイレへ行き、妻は台所で簡単な食事を用意した。

トイレから戻り、ほんの少しだけパソコンでインターネットを見てから、奥の部屋の息子の様子を見に戻った。

すると、息子の頭のすぐ横に、クマさんが立っている。

妻が横に立たせたのだろうと思って、オレは少し離れた場所で本を読んだ。

妻が戻ってきて、

「あら。クマさん、そこに置いたんだ」

と言った。

「いやいや。君が置いたんだろ？」

「え？　私ずっと台所にいたけど……」

「え？」

確かに、さっき息子の前を離れる前、一緒にいた。そのとき、このクマのぬいぐるみは、別のところに転がっていたはずだった。

「……え〜！」

二人して驚いたが、別にそれを「怖い」とは思わなかった。

「不思議なこともあるもんだね。クマさんも心配していたんだね」

と、そういうことで話は落ち着いた。

そして、その夜に息子の熱は下がり、落ち着いた。

ぬいぐるみも、大切にしていると、そこにはきっと何かが宿るのだ。

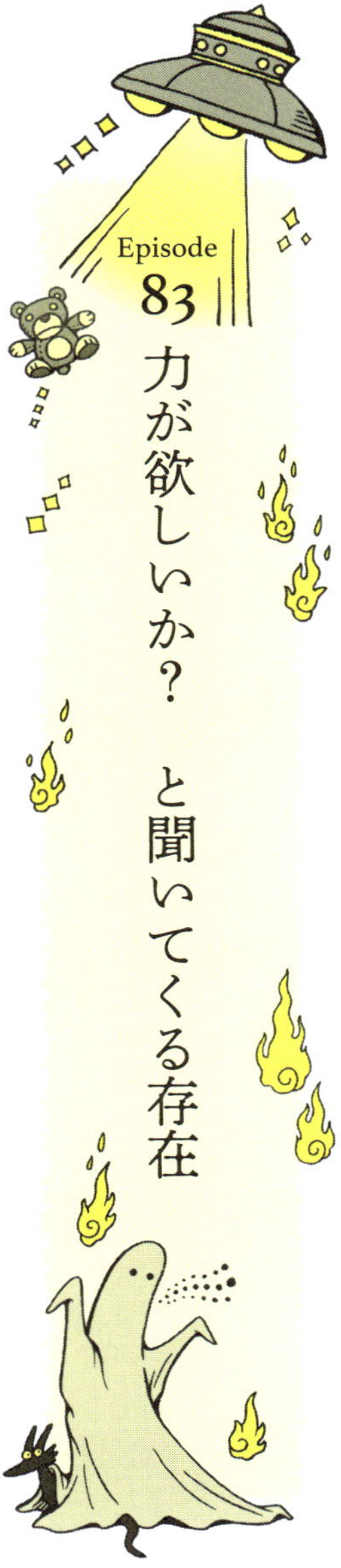

Episode 83 力が欲しいか？　と聞いてくる存在

夜中は、いろいろな感度が冴《さ》える。霊的な能力も高まる。

だから、オレは基本早寝なのだが、深夜にふと目を覚まして、不思議な存在たちの気配を感じたり、その存在たちとなんらかの意思の疎通が行われたりすることもある。中学生の頃に見たような、残留思念のような霊魂ではない。もっと精霊とか、宇宙的な存在というか、大きな存在だ。

あるとき、何かが来たのがわかった。しかし大抵は、オレは何もしない。何も話しかけないし、さほど意識を向けない。だがこの夜の訪問者は、いつもとは随分違った様子だった。

「**力が欲しいか？**」

と、心の中で声が聞こえた。

「ん？」と思い、オレは何か考えようとしたが、すぐに声はまたくる。

「なんでも望みの叶《かな》う力だ。すべてが思いのままになる」

オレは別に「うまい話なんてない」とは思わない。

むしろ、うまい話はけっこうある。しかし、**うまい話の半分くらいは、ちょっと注意が必要だ。**

簡単にいうと、未浄化の低級霊と呼ばれる存在が、自らが叶えられなかった、抑圧してきた「欲望」を叶えたいがために、生身の人間の中に入り、利用するということもある。

その手の存在は、人間にとても近いので人間のことがよくわかっている。同じような「欲」をもつ人間同士を刺激し、たとえば金銭を手に入れ、贅沢《ぜいたく》欲や色欲を満たすのだ。

人間のことがよくわかっているので、とても巧みだ。ちなみに、神や龍と呼ばれる存在たちは、そこまで人間の細かいところは操作しない。

だが、低級霊と呼ばれる存在たちは、欲を満たせば満足なので、その後、チャネラー（憑依媒体《ひょういばいたい》）となった人間がどうなろうと知ったことではない。

もちろん、それを含めて人間にとって「学び」や「気づき」が起きるので、悪いことではないのだが、**あまりその手の存在と密接になると、瞬間的に人の気を引いたり、お金を集めたりすることはできるが、その後信用をなくしたり、恨まれたりすることも多い。**たまに、そういう存在と密接な人を見てきた。

そして、今回、オレに話しかけてきた存在も、ひょっとしてそんな存在なのかと思い、オレなりにエネルギーを読み取った。しかし、そういうおかしな感じはしない。なので、オレは素直に話を聞いてみようと思った。

「もっと豊かになって、大きな循環を手にしたくはないか？」

「そりゃ欲しいさ」オレは答える。確かに、もっともっと欲しいものもある。欲求に身をゆだねると、キリのないものだから。

「身をゆだねなさい。大きな力を貸してやろう」

その言い方というか、雰囲気やエネルギーの感覚が、オレの欲を強く刺激した。そして、「これは本物だ！」と思わせる何かが、その存在からは感じられた。実際、言われていることはとても魅力的だった。

オレは身をゆだねようと思ったが、最後にひとつ、確認のために聞いておきたかった。どうしても、すべてを信頼はできなかったのだ。

「あなたは、光の存在ですか？」

「……」

声は聞こえなかったが、薄ら笑いを浮かべたような、鼻で軽く笑ったような、そんな余韻を残して、すっと消えていった。

光の存在とは、すべてに対して「愛」を与える存在だ。

オレが求めるのは、あくまでも光の愛と優しさの世界。その場の欲を満たして、誰かを傷つけたり、まして自分が傷ついたりするのはごめんだった。

以前「闇の龍」という存在に出会ったことがあるが、こうしてときどき「闇」は、オレの心に問いかける。

光を忘れないためにも、自戒のために、ここに記しておく。

Episode
84
歌舞伎町の黒い渦

20代の頃は、浴びるほど酒を飲んだものだった。いまでもお酒は大好きだが、いまは酔うほど飲むことはない。翌日が、二日酔いとまでいかなくとも、頭がぼんやりするのが嫌なのだ。

しかし、あの頃はそんな繊細な神経をもち合わせておらず、無茶な飲み方をしたものだ。都内のいたるところで泥酔するまで酔っ払ったものだが、一番飲み歩いたのは新宿だろう。

歌舞伎町、三丁目の裏路地、ゴールデン街やら、あちこちで飲んだ。

25、6歳の頃だと思う。

その日は朝まで飲むつもりはなかったのだが、終電を逃し、翌日が休みだったので、当時行きつけだった三丁目にあるバーに行った。

ロクでもない会話をして、偉そうに芸術論を語って、酔っ払って始発に合わせて帰る。夏場だったのか、朝の5時を回ればすっかり外は明るい。三丁目から、JRの新宿駅の方へ、明治通りを歩いていた。

ゴミだめのような路地裏にも、優しい朝日が降り注ぎ、朝まで遊び歩いていた老若男女、早朝まで働いていた人、早朝から働く人、すべての人……だけでなく建物にも、街路樹、積み上がったゴミ、そこに群がる黒いカラスたちにも……すべてに、太陽は平等に優しい光を、温《ぬく》もりを注いでいた。

朝まで飲み歩いたときに、こうして朝の光を見ると、複雑な気持ちになる。ありがたさと、世界の優しさを感じつつ、そんな時間に脳みそがとろけるほど酔っ払っている自分とのギャップにいたたまれなくなる。まあ、単純に飲みすぎて体力と財貨を消費した後悔かもしれないが。

そんなぼんやりした頭で、明るくなった空を見上げて思わず立ち止まり、オレは目を疑った。

空に向かって、黒い、濃い灰色の渦が、街から上昇しているのだ。

竜巻とか、そんなものに一瞬見えたが、そうではない。

場所は歌舞伎町から大久保にかけてのあたりだろうか。街から、空に向かって黒い渦巻きが発生し、朝日に輝く空に、吸い込まれていくのだ。

どれくらい、見ていただろう。とにかくその禍々《まがまが》しいまでの黒い渦に驚き、恐怖すら感じた。

他にも人がいて、空を見上げるオレの視線の先を追う人はいたが、どうやら他の人には見えていないようだった。ということは、なんらかのエネルギーであり、たまたま、いまのオレの波長に合ったのか、見えてしまっただけなのだろう。

おそらくそれは、**人々の欲望や、さまざまなネガティブな思念。**

朝日は、それらすべてを浄化する。いや、浄化しきれているのだろうか？　そう思いながら、オレは歩き出した。

近くに来ると、それは見えなくなったが、きっと、これは毎日、こうして人の多い場所ではいつも起きていることなのだろう。

Episode 85

自分の中に人がいる女

「あなたには、私のことが信じられないのよ」

彼女は悲しそうに言った。

確かに、オレには彼女の言うことを、すべて信じることはできなかった。

彼女は、「私の中には、人がいるの」と言った。

彼女の中には、子供の頃からもう一人、別の人格がいて、その存在は何でも教えてくれるという。ただし、彼女自身以外には、その声は聞こえないし、もちろん姿も見えない。

それはオレが、24、5歳の頃。ヒーリングとか、エネルギーのことを学びはじめた頃に出会った女性だった。大人しくて、自分のことをあまりしゃべる人ではなかったが、オレは彼女にいつも不思議な気配を感じていて、興味をもった。

「あなたは、けっこうわかっている」

あるとき彼女はオレにそう言い、「じつは……」と、打ち明けてくれたのだった。

30年以上生きてきて、ほとんど人には話したことがないそうだ。

その存在は、彼女の内側で、彼女にさまざまなアドバイスをする。

進学や就職先。人間の善し悪《あ》し。転職、恋人との別れ。あらゆることを、彼女に指示するらしい。

「彼は（その人格は男性らしい）、人のことがわかるの。私がいいなぁって思っても、『あいつは裏がある』とか『おまえとは合わない』って教えてくれるの」

「へー、すごいねぇ。便利だねぇ」

最初はオレも面白がっていたが、彼女と何度か会ううちに、彼女がちっとも現実的に幸せではないということがわかった。

オレはだんだんと、彼女の中にいる存在に、疑いをもちはじめた。

すると、彼女は、「あなたは、私を信じてない」と言ったのだ。

オレが信じてないのは、彼女の気持ちや、彼女だけに声が聞こえているとか、そういうことではなくて、その存在についてだ。

彼女を、幸せにする存在ではないと思ったのだ。

しかし、彼女は、オレよりもその存在を信じている。自分が生きてこられたのは、その存在のおかげだと、心底思っている。

オレはそれ以上、何も言えなかった。

最後に、駅前で「さよなら」と言ったときに、この人にはもう会えないだろうとわかった。そして、その通りになった。

あれ以来、その女性には会っていないし、連絡もない。

Episode 86 高速道路からＵＦＯ

妻の親戚の家に行くために、大泉インターから、松戸方面へ向かっていた。

高速道路は見晴らしのよい場所もあるが、住宅街の騒音対策のため、防音の壁が都会をうねり通る高速道路を覆うようにせり立っている。

道路が埼玉県の東部にさしかかるあたりから、高い金属の壁が途切れると、晴れている日は右手に東京スカイツリーが見える。

そのとき、はっきりとオレは見た。

いわゆるアダムスキー型といわれるUFOだ。

すぐに、助手席の妻と、後ろの席にいた、当時保育園児の息子に声をかける。

しかし、二人とも寝ていた。

「おい！　UFO！　UFO！」

せめて妻にだけでも伝えたくて、大きな声で起こした。とにかく、この驚きを共有したかったのかもしれない。

「え？　UFO？」

助手席でうたた寝していた妻はすぐに目を覚まし、オレが指差す方を見た。

ちょうどそのとき、道路と空を隔てる鉄の壁が出現した。

「あー！　ちょっと待って！　この壁が途切れたら見えるはずだ！」

オレは車の速度を上げ、鉄の壁が途切れるのを待った。

そして、壁が途切れて、空が見えた。しかし、そこにはただの青空と、白い雲。遠くのスカイツリーという、見慣れた景色だった。

結局、妻はオレの言うことを信じなかったわけではないが、

「ふーん」という対応だった。

オレはとても悔しかった。まるで意図したわけでもないのに嘘《うそ》をついてしまったような……。

そう思いながら車を走らせていたら、また見えた。今度は一瞬だった。なぜならオレが「あ」と気づいたときには、空は再び鉄のカーテンで覆われたのだ。

今度は何も言わなかった。きっと、妻が見るときには姿を消しているのだろう。

いや、オレ自身も、**あまり強く意識すると見られないのだ**。そんな気がした。彼らはオレをからかっているのかもしれない。

案の定、鉄の壁が途切れたとき、空はいつも空だった。

よく晴れていて、穏やかな日差しが江戸川を照らしていた。

8

不思議な「神仏」の話

Episode
87 神などいない。鉄になりたい

この話は、いわゆる「不思議な体験」というわけではないが、書いておきたい。なぜなら、その**「正反対」への振り幅があってこそ、いまの自分がある**からだ。

オレは子供の頃から、魂の存在や、目に見えぬ霊魂の存在、輪廻《りんね》転生、いわゆるサイキックなことに関して〝ある〟ということを信じて疑わなかった。

そして「神」を信じていた。

この世界には当たり前に、神という大いなる存在がいて、我々は「魂」という分御霊であり、常に守られ、救われる存在だと、生まれつきそう思っていた。

しかし、中学生の頃から「神」の存在に対しては懐疑的、いや、完全に否定的な立場を取った。

中学2年生の頃、母が入院した。

原因不明の神経病で、手足が痺《しび》れ、ついに歩けなくなり、あちこちが痙攣《けいれん》しはじめた。一時期はかなり危険な状態にもなった。

同時に、母に多額の借金があったことが発覚。思えば、母はその借金のストレスで病気になったのだし、もし重い病気でなければ家族から愛想をつかされていた。

病気というのは、ある意味強い。弱者になるというのは、強者でもあるのだ。弱者を捨てる罪悪感をもたないでいられるほど、強い人間は少ない。

さて、我が家は途端に火の車。1990年代。バブル崩壊うんぬんの後とはいえ、この日本で「貧困」を体験するなどまずできない。しかし、我が家は本当に窮地に立たされた。いかんせん金がない。

給食費の免除申請をして、学校のパンを持ち帰った。当時、給食費は毎月1度、ホームルーム時に給食係が徴収するというスタイルが通常。だからオレは免除のことを知られたくないので、いつも「忘れた～」と言って、ごまかしていた。

給食のある日はまだいいが、夏休みなどは本当に困った。兄は高校生でアルバイトができたし、すぐに人に悩みを打ち明け、頼れるという特技があり、しょっちゅう友人宅で食事をしたり、友人宅に交代制でお弁当を作ってもらったりしていた。

しかし、中学生でアルバイトもできない、人に助けてと言えないオレは、父の用意したわずかなお金で、しのぐしかなかった。

父は朝から晩まで働いた。そのため、家に親がいないので、オレは空腹に耐えるだけでなく、突然家事全般もやらねばならなくなった。

オレは毎日神に祈った。

仏壇に毎日毎日祈った。水を換え、ご飯を炊いたらそれを供えた。神棚にも毎日祈った。神社にも行った。夜眠る前、自分の守護霊とかイエス様だとか、諸々《もろもろ》の見えない存在たちに祈った。

助けてください。この苦しみから救ってください。

このつらい現状をどうにかしてください。

毎日毎日、繰り返した。しかし、事態はどんどん悪化するばかりだった。

母が一時退院すると、今度は「介護」だ。家をこんな状態にした張本人の母親。正直、オレは憎しみであふれた。

友達が服を買ったり、靴を買ったり、ジュースを買ったりしている中、オレはそれがバレないように、なんともない顔をしながら耐えた。そして、憎い母の下の世話をする。気が狂いそうだった。

祈りは、数か月経過しても、聞き入れられた様子はなく、やはり状況は悪化していった。そんな中で、オレはこう結論づけた。

「神など、いない」

オレたちは、誰にも守られてなどいない。自分の身を守れるのは、自分だけ。自分を救えるのは自分だけ。自分がこの現状を脱して、勝ち上がるためには、勝つだけの「力」と「知恵」と「勇気」を身につける必要があった。生き残るためなら、人を押しのけることや、多少の狡猾《こうかつ》さ、ずる賢さもないと勝てないと思った。

オレはこう決めた。「鉄になる」。

何があっても、心が揺れないように。つらいことがあるたびに、水のように心が波立たないように。砂の城のように崩れないように。鉄の男になろう。弱音は吐かない。助けは求めない。誰の手も借りない。まして、目に見えない存在にすがるなどしない。そう誓ったのだ。

オレは仏壇や神棚に手を合わせることをやめ、がむしゃらに、明るく振る舞い、どんな不良たちにも、腕っぷしでは勝てないので、知略とユーモアとハッタリで渡り合った。そして何よりオレには音楽があった。ギターを弾いて、歌うことで、そのつらさを忘れられたのだ。

呼吸不全で、あの「静寂」という神に出会うまで、オレはずっと、神を否定し、神を憎んだのだ。駅前で宗教の勧誘や、「あなたのために祈らせてください」という団体を見るだけで虫酸《むしず》が走り、徹底的に得意の屁理屈《へりくつ》で論破し、何度か泣かせたこともある。それほど宗教や神に幻滅したのだ。

きっと、**あの日々がなかったら、その後に神を再び信じることはなかっただろう。**あれだけ神を信じて、神を憎んだから、いま自分の中で統合された感覚があるのだ。

Episode 88 神社という「場」の不思議

家の近くに、龍宮《りゅうぐう》神社という神社があった。

家の前の通りが「龍宮通り」という名前で、祭りのときは出店が並ぶ。祭りは好きだったが、神社が好きという感覚はなかった。ただ、当たり前すぎる場所だったのだ。

中学生の頃、母親が謎の神経病で入院し、障害をもった。借金の問題などもあり、一家はいきなりどん底に落とされた。

つらかった。中学生ではあまりに無力で、その運命にあらがうことはできなかった。よく、一人家で泣いていた。自分の人生を呪った。孤独だった。誰一人、自分を理解してくれる人はいないと思っていた。

いま思うと不思議なのだが、そんな絶望のどん底にあるとき、オレはよく神社へ行った。

神社は少し高台にあり、階段からは港が見え、広い海が見渡せた。

港からは、よく大きなフェリーが、遠くの海へ旅立っていく姿が見えた。防波堤を超えて、雄大な水平線の彼方《かなた》へ、ゆっくりとフェリーは消えていく。

その姿は「世界は広いんだよ」と、無力で無知な14歳のオレに教えてくれていたようだった。

ちなみに、オレはその頃、ある時期を境に「神など信じない」と固く決意していたので（前の項目参照）、本殿に参拝はしなかった。

だから、ただ階段に座り、海を見るためだけにそこに行った。家から一番近い高台が、ただそこだったという理由だった。

神社の境内で、海を見ながらぼうっとしていると、不思議と元気が出た。

そこで何か「目に見えないもの」が見えたとか、「耳に聞こえないもの」が聞こえたとか、まして「神からメッセージを受け取った」ということはない。

しかしなぜだかわからないが、**神社にいるだけで、気持ちが強くなったり、明るくなったりした。**無理だと思っていたことにも、前向きになった。

果てしない孤独感に打ちのめされていたはずなのに、自分は一人ではないのかもしれないと、そんなことすら思えたのだ。

エネルギーって、そういうことだ。

もちろん、なんとなく元気になったからといって、当時に関していえば、現状は何ひとつ変わっていない。実際、状況は悪くなる一方だった。だから、打ちのめされて、腰が砕けたように、そのまま起き上がれないくらいに疲弊したこともしばしばだ。

それでも、龍宮神社で海を見て、しばらくぼけっとしているだけで、「よし！」と力が入り、立ち上がれた。前へ歩くための活力のようなものが、体内から湧き上がったのだ。

神社という「場」には、そういう不思議な力が働いている。

疲れたときに、ふらりと行って、ぼけっとすることのできる神社やお寺が身近にあると、とても助かる。

Episode 89 地龍が教えてくれた地球の自浄作用

青森県に行ったときのこと。

岩木山神社へ行くことにした。津軽富士といわれる、美しい岩木山の麓にある、歴史深い神社だ。

北海道でのリトリートイベントを終え、友人と一緒に行った。天気がよく、岩木山の美しい稜線《りょうせん》を眺め、リンゴ畑を眺めながら、のんびりとドライブした。

北側から回っていった。神社は南側にある。

山の南側に回ると、突然空が真っ暗になり、雲行きが怪しくなった。

「おかしいなぁ。さっきまで晴れていたのにね」

友人と不思議な空模様を見ながら、神社の駐車場へ着く頃には、土砂降りになり、雷が鳴り響き、とても車から降りられる状態ではない。バケツをひっくり返したような雨と雷の嵐。いったい何が起きたのだろう。車で10分くらい離れた場所にある喫茶店で、1時間ほど時間を潰していると、雨が止んだ。

そして再び神社へ向かった。雲の隙間から、まぶしい光があふれている。駐車場に車を停《と》め、濡《ぬ》れた石畳の上を歩く。まさしく「浄化の雨」。

神社というのは、「神気」とも呼べるオーラに包まれているものだが、そのときの神々しいまでの空気感は独特だった。

奥へ進めば進むほどに、大地を踏みしめる自分の足と、この神社の地下深いところが、共鳴していることを感じていた。いままで感じたことのない、**大きな「意思」**と、

自分の心ではなくもっと深く大きい魂とも呼べる本体が共鳴している。

いったい、何と共鳴しているのだろう？　意識を深いところに落としてみる。

それは大きな大きなうねりだった。巨大なうねり。意識が地下に入ると、大地の下にはらせんにうごめくエネルギー体がいると知った。

おそらくそれは「地龍」と呼ばれる存在。

これには段階があり、地区の龍もいれば、その下に、管轄の大きな龍がいて、深部には、さらに大きな龍体がある。

オレが岩木山で感じたのは、まさしく**「日本列島の龍脈」とも呼べる巨大な意思だった。**

それ以来、大地との繋《つな》がりを、とても意識するようになった。地球は生きていて、日本もまた生きている。地球をないがしろにするというのは、我々は、我々自身の住む家や、我々自身の食べるものを破壊しているということ。

そしていま、大地は深く傷ついている。

ときどき、スピリチュアルな人で「大地が怒っている」と表現する人もいるが、オレはそういうふうには感じなかった。「**怒る**」**という表現は、地球という規模の大き**

な意識には当てはまらないのだ。

我々も体内に毒素が溜《た》まると、自浄作用として発熱したり、膿《うみ》を出したりする。同じように、そして、岩木山神社が浄化をしたように、**地球も自浄作用がある**ということだ。

そうならぬように、美しいこの星を守り、大いなる大地と共に、生きていきたい。

Episode 90 海辺で出会ったリアル観音

高知県の室戸岬に行ったときのことだ。

ここには、御厨人窟《みくろど》という洞窟があり、かつて弘法《こうぼう》大師「空海」が若かりし頃に、ここで修行し、開眼した場所とされる神秘スポットだ。

ちなみに洞窟から外界を覗《のぞ》くと、空と海しか見えない。故に「空海」と名乗ったそうだ。

近くの宿に宿泊し、翌朝6時くらいに、一人で御厨人窟へ行った。崖崩れの恐れがあるため、立ち入り禁止と書かれていたが、せっかくなので中に入り、しばらく瞑想《めいそう》していた。そういう神秘スポットやパワースポットで瞑想をするのが、オレの何よりの楽しみなのだ。

しばらく心地よい瞑想にふけった後、外に出て、目の前の海岸へ。海岸は岩場で、海辺特有の穏やかさよりも、厳しさや、荒々しさ。そんな印象を受けた。

その日、風は穏やかで、海も凪《な》いでいた。

岩場を歩きながら、昇ったばかりの朝日を見ていた。

まだ低い位置にある太陽からの光が、海面にキラキラと反射しながら、水平線に向かって伸びていた。

そんな美しい景色を眺めていたら、ふと、目の前にとんでもないものがあることに気がついた。

いや、とんでもない〝人〟が〝いる〟という表現の方がよいのだろうか？

観音様が、海辺にいるのだ。

色は、銀色がかった青銅色というのか。

とにかく、ビジュアルは、まさしくお寺などでおなじみの観音像そのものだ。装飾品を身につけ、中性的な体型と表情。手は印を結んでいる。

驚いて言葉も出ない。思考停止だ。

これまでの人生、不思議体験、神秘体験と呼ばれるものが多い方だと思うが、なんと観音様が目の前に現れたのだ。

オレはお寺が大好きだし、観「音」と書くので、音楽人のオレにとっては少し特別な存在だ。それに、普段から「延命十句観音経」という、短い観音経を暗記し、読経しているほど、観音様には感謝し、畏敬の念を払っている。

その観音様が、目の前にいる。

しかし、一番驚いたのは、そんな神様が目の前に現れたということではない。

オレの目の前に現れた観音様は、**とても小さかったのだ。**

距離的には、自分のいた場所から十数メートル離れていた。定かではないが、たぶん、30〜45センチ程度の大きさだったと思う。オレは目がいいし、海育ちなので、その感覚はほぼ間違いないと思う。

空海覚醒伝説の神秘のパワースポット。神々しい朝日。そのシチュエーションでの、そのサイズ感は、なんとも滑稽というか、どこかパロディ感があった。

オレが唖然《あぜん》としていると、間もなく少し大きめの波がやってきて、観音様を飲み込んだ。波が引いた後、観音様は消えていた。

神様、と呼ばれる存在は、我々が思い描く姿とは違うのかもしれない。

もしくは、我々の目に見えるときは、違った形を取って現れるのかもしれない。そんなことを思った。

Episode 91 高野山で見た不思議な修行僧

初めて高野山へ行ったときの話。

２０１７年の８月下旬のことだった。

とにかく、それは、それは素晴らしいところだった。言葉に尽くせないほど、素晴らしいところだった。……が、少々騒がしかった。

一番の見どころの「奥之院」へ行ったときに、外国人団体客と遭遇してしまった。すべての人がそうではないのだろうが、とにかく声がでかい。

オレ自身もスピリチュアルワークの一環で、神社ツアーなどのイベントも行うが、基本的には「静寂」を味わいに行くのが好きだ。伊勢神宮のような、多少のお祭り感がある場所なら賑《にぎ》やかなのもよいが、高野山では、もう少し荘厳な気分と、静けさに浸りたかった。

だから、無性に一人になりたくなった。

オレはよくこういうことがある。人の気配のいっさいないところへ行きたくなる。誰とも関わりたくない。目も合わせたくない。

地元信州でも、そういうときはなんといっても「山」だ。

そして、ここは高野山。山に行くしかない。お手洗いの横に置いてあった簡単な観光マップを片手に、ハイキングコースの山道へ入った。

ハイキングコースだが、それなりに山道は登りごたえもあり、こんなところまでくる物好きはおらず、一人で高野山の奥を満喫した。

やはり山はいい。誰もいない。なのに、不思議な気配で満ちている。

下山途中で、細いせせらぎがあり、とても気持ちよい場所を見つけた。座るのに手頃な切り株があり、オレはそこに座り、心ゆくまで瞑想をしていた。心地よく、山とひとつになり、大地と溶け合うような、静寂の時間。オレはこれを感じたくて、いろんな場所へ足を運ぶのだ。

だが、その静寂へ、別の音と気配が分け入ってきた。

遠くの方から、人の歩いてくる音が聞こえ、衣服の擦れる音……なのだろうか、とにかく人の気配がした。

ここは、一応ハイキングコースだ。誰も来ないという保証はない。オレはちょうど瞑想を終える頃合いかなと、目を開けた。

気配を感じた、少し離れた方向には、**一人のお坊さんが立っていた。**

「あれ？」と思うのと同時に、そのお坊さんは1秒くらいかけて、透明になり、そして消えた。

オレが何に対して「あれ？」と思ったかというと、その「出《い》で立ち」だった。

黒い袈裟《けさ》をまとい、編笠《あみがさ》を被《かぶ》り……。まるで時代劇に出てくるような修行僧の姿だった。

いくら高野山とはいえ、あそこまで〝ガチ〟な格好で歩いているだろうか？

そして、目の前ですぅっと消えてしまった。

気配も一緒に、消え失《う》せた。

深い瞑想をしていると、我々が生きている物質世界とは違う世界に、半分足を踏み入れることがある。だから、そういうこともあるだろうと、さしてめずらしいこととは思わなかった。かつてここで修行をした誰かさんなのだろう。

だがひょっとして、あれはまさか空海さんご自身なのかな？　なんて思ったりもしたが、もちろんそんなことはわからない。期待はしすぎない。

Episode

92 ビアホールで出会った尼僧

呼吸不全から体調が回復しはじめたとき、ビアホールでアルバイトをしていた。体はだいぶ回復していたけど、やはり一度悪くすると、再発を恐れて、どうにも思ったように活動できない……そんな時期だった。

そのお店はビアホールだけあって、主にサラリーマン男性が中心だった。しかしあるとき、女性の僧侶が一人、遅い時間にやってきた。

袈裟をかけ、頭は丸めてあった。上品な、年配の尼僧。

オレの担当するエリアのテーブルにつき、ビールを飲みながら、2、3品つまみを食べた。

ビアホールで、尼僧が生ビールのジョッキをうまそうに傾ける。

これだけでも十分不思議な光景だが、その人の立ち居振る舞いがあまりに自然だったせいか、あまり不自然な感じはしなかった。上品な立ち居振る舞いや仕草は、何をやってもさまになるものだ。

平日の夜の遅い時間で、比較的暇だったせいか、その尼僧といくつか会話を交わした。彼女が何かイベントの帰りに寄ったとのことで、話題は自然と「音楽」の話になった。

しかし彼女は、そのイベントの音楽にはあまり満足しなかったらしい。

そこでくわしくは覚えていないが、いくつか、自分の音楽に対する話をした。

オレは、「**音楽は耳で聞くよりも体で聴くエネルギーなんですよね**」というようなことを話した。

何でこんなことを話したのかはわからない。もちろんそう思うし、「音＝エネルギー」という理解はあるが、オレは普段、音楽をいちいちエネルギーでなんて聴かない。耳で聞き、音楽性には好みがある。

彼女はビールを1杯飲み、テーブル会計を済ませた。

帰り際に、尼僧はこう言った。

「あなたはいろいろとわかっている人だけど、きっといまはまだ、自分のことをわかってないの。でもきっといつかいろんなことがわかる。手を出して」

言われるままに、オレは手を差し出した。

尼僧はオレの手に、そっと「何か」を置き、オレの手をぎゅっと握った。

なんらかの「エネルギー」だとすぐに感じた。全身に、ぶわっと、強いエネルギーが広がったのを感じた。

「これは、きっといつか役立つときがくるからね。じゃあね」

そう言い残して、彼女は去っていった。

彼女が何者で、そしてあのときオレに何をしたのか。

後になっても、あのとき手渡されたものが何かはわからない。

だがきっと、あのとき受け取ったものは、自分にとってとても大きなものだったのだと、なんとなくそう思う。

Episode 93 かごめかごめ

～皆神山1

長野市に「皆神山《みなかみやま》」という不思議な山がある。

そこは「人工ピラミッド説」があったり、大本教の出口王仁三郎《おにざぶろう》が聖地としていたり、戦時中天皇家が隠れるための地下トンネルを掘られたりと、とにかくスピリチュアル業界ではよく知られたパワースポットだ。

そこへ、家族で行ったとき。息子はまだ小学1、2年生だった。

山頂に神社があるのだが、本殿の左側が空き地になっている。

そこが見晴らしもよく、天気もよくて、何もない草むらで、ぼんやりしていた。本当はもう少し上に登りたかったのだが、いかんせん息子も退屈そうだったので、遊ばせようと思ったのかもしれない。

すると、なぜか妻が「こっち来て、手を繋ごう」と、オレと息子を呼んだ。

妻は、開けた空き地のあまり草の生えていない場所に立っていた。

オレたちがそこに行くと、手を繋ぎ3人で輪になった。

「かごめかごめ〜、か〜ごのなか〜のと〜り〜は〜」

妻はふざけながら「かごめかごめ」を歌い出し、3人で手を繋ぎながらぐるぐるると、その空き地で回った。楽しい気分になり、息子も喜んでいた。

そこで少し遊んだ後に、「もう少し奥へ行ってみよう」と、本殿の右側から、奥へ進む。そこで、オレと妻は驚いた。

小さな社があり、なんとそこには十六菊花紋と六芒星《ろくぼうせい》のマークの石碑がある。石碑

には「天地カゴメ之宮」と刻まれているのだ。

しばし、口をあんぐりとさせてしまった。

そしてこれは後から人づてに聞いたのだが、我々が手を繋ぎぐるぐると回った場所は、もともとの参道正面の侍従神社の社殿が建っていた場所だったそうだ。

それにしても、こういうことがあるのだ。

ちなみに妻はオレと違って、いわゆる「霊感」も「エンパス」も「サイキック」も、気にしていないタイプだ。だが、時折宇宙なのか神様なのかが、そんなタイプの彼女を使って、なんらかのメッセージを伝えてくる。

一応、本人に「なんでさっきかごめかごめを歌おうと思ったの？」と尋ねると、本人は軽く笑い、「さあ、歌いたくなったの。不思議ね」と言う。

そのメッセージが何なのかはわからない。

だが、こうしてシンクロニシティが起きている以上、オレたちはもう不思議な世界に飛び込んでしまっていて、それはきっと「正解」だといわれているということだ。

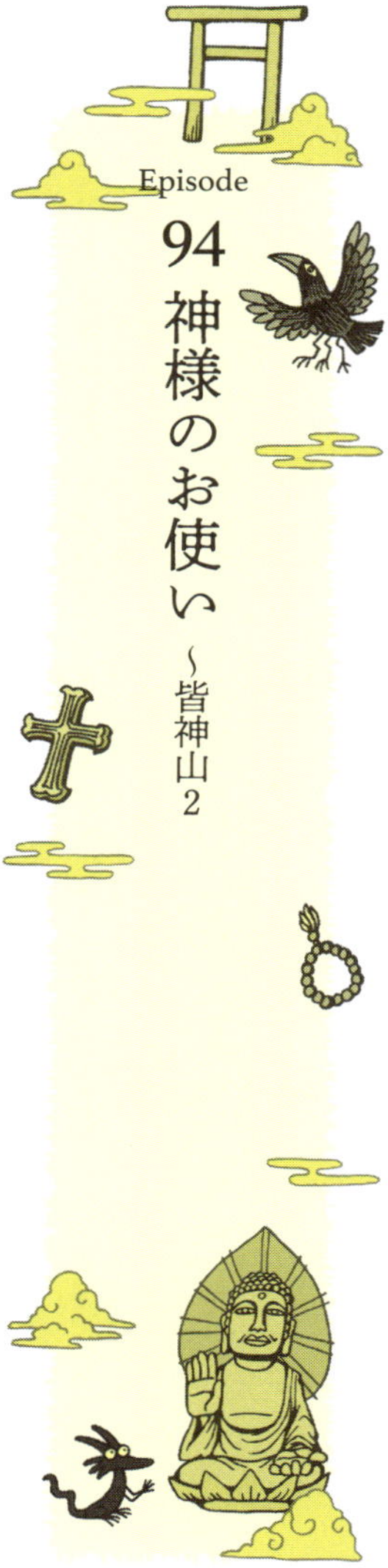

Episode

94 神様のお使い

～皆神山2

「カゴメ之宮」の文字を見て、不思議な気持ちになりつつ、そのまま奥へ進んだ。

皆神山には、駐車場を出るとまずは侍従神社という修験道の神社があり、少し進むとカゴメ之宮、そしてさらに奥の山頂手前に熊野《くまの》出速雄《いづはやお》神社がある。

熊野出速雄神社で、頭を下げたときだ。

「ごろん」と、自分の背中から何かが落ちた感覚があった。

ランドセルの蓋が開いたまま、お辞儀して、中身を全部ぶちまけた経験はあるだろうか？　まさにこのような感覚だった。お辞儀をしたら、自分の背中から何かが「ごろん」という感触と共に、どこかに落ちたのだ。

それは、地面には落ちなかった。

誰かが、受け取ったのを、確かに感じた。

「あれ？」と思う間もない、一瞬の出来事だったが、オレは柏手《かしわで》も打たず、とにかく呆然《ぼうぜん》としてしまった。

試しに、肩を動かしてみるととても軽くなっていた。いや、体全体が、とても軽いのだ。背負っていた重たい荷物を下ろしたような感覚だった。

これも後から知ったのだが、熊野出速雄神社の祭神は、諏訪《すわ》明神の子という言い伝えがある。

オレは諏訪郡に住んでいて、オレと妻は買い物がてらや通りがけに、4つある諏訪大社のうちのどこかに、週に1回、多くて3回ほど参拝していた。

そのときはよくわからなかったが、なんとなくこう思った。

オレは諏訪大社で、諏訪にいる神やなんらかの存在から「何か」を知らぬ間に背負わされ、それを皆神山へ運び、そこの神へ渡した。知らぬ間に、オレは神様の「お使い役」をさせられていた……と。

神様といっても、神社の神は「場」の神でもあり、一体化しているから、本人は場所を動けない。だからこうして「**人**」**になんらかの役割をさせる**のだ。

それにしても、皆神山は本当に不思議なところだ。世界最古のピラミッドともいわれているだけある。

ちなみに山頂にある浅間神社の裏に、穴があるのだが、そこに手を当てたら、まるでそこから「ドライヤー」が熱風を出しているような、熱い風を手のひらに感じた。

ここまではっきりと密度の濃いエネルギーを感じるのは稀《まれ》だったので、かなり驚いた。もちろん、みんながみんな、その熱気を感じられるかはわからないが、きっと、皆神山に行くと、なんらかの不思議な感覚は味わえると思う。

Episode 95 東京大神宮で聞こえた声

八ヶ岳へ移住する前。東京の飯田橋付近で働いていた。
職場の近くに「東京大神宮」という神社があった。東京のお伊勢さまともいわれ、日本で最初に「神式結婚式」をした場所だとかで、縁結びで有名だった。

土日ともなれば、その縁結びパワーにあやかろうと女子たちがあふれ返っていた。人の放つ波動に敏感だったあの頃は、その迫力ある、かつ強烈な〝念〟を感じて近寄れなかった。

女性の恋愛に対する思いというのは、本当に強いのだなと、痛感したものだ。しかし、朝の神社はほとんど人もおらず、とても清々《すがすが》しく、ほぼ毎朝、そこに参拝してから出勤した。

そこに勤めている間に、東京を離れ、田舎暮らしをすることを決意した。休みの日に、奥多摩を回ったり、京都の山奥や奈良の山奥、岐阜などの物件を見て回ったりしていた。しかし、なかなかピンと来るものがなく、いい加減、旅行がてらとはいえ、「移住地探し」に家族全員疲れていた。

神社では、特に「お願い」ということはもともとしなかったが、当時はよく「いい土地に巡り合えますように」と、お願いをしていた。

とにかく、東京の暮らしが嫌だったし、その当時の生活や自分自身に不満だった。だから、心機一転して人生を変えたかったのだ。

ある日の朝、いつものように大神宮に参拝し、お願いをしていたとき、はっきりと、頭の中、いや、耳に声が聞こえた。

「どこに行っても変わんねえよ」

あたりをキョロキョロ見回した。しかし、誰もいない。

自分の内側で聞こえた声だった。

神の声、とは思わなかった。気のせいだと思った。

神の声だとしたら、「嫌なこと言うなあ」とも思った。こちとら、いろいろと人生を変えるべく、移住しようとしているのに、どこに行っても変わらないなんて……。

しかし、それは事実だった。**逃げた先には、同じテーマが転がっている。**

結局移住先において、ずっと抑圧していた感情が、さまざまな出来事と共に、噴出し、人生の大浄化が起きた。

もちろん、八ヶ岳への移住も、大きなきっかけのひとつだろう。

しかし、人生を変えたのは「場所」ではなく、単純にオレ自身の問題であり、オレ自身が自分の心と向き合ったからだ。

Episode
96 マグダラのマリアと緑色の光

南フランス。マグダラのマリアが、晩年隠遁《いんとん》生活を送っていたという伝説のある洞窟の「サントボーム」へ行った。

そこで瞑想をしていた。聖地巡りのツアーに参加したのだが、途中でいてもたってもいられなくなり、一人で抜け駆けし、信州で鍛えた得意の山登りの健脚をいかし、山頂の教会を目指して山を登った。「呼ばれている」というほど大袈裟ではないが、すぐに「行かねば！」と思ったのだ。

教会といっても小さな建物だ。

風は強く、吹きっさらしの入り口にも、風は吹き込んでくる。

マグダラのマリア。イエスの一番弟子とも、妻ともいわれる聖女。

イスラエルから、地中海を渡り、沿岸で布教活動をし、最後はこの山で祈りだけを続けていたとされる。もちろん実際のことはわからない。

山頂からは、地中海が見える。野生のヤギがいて、荒野のような岩場が広がる。

ここでマグダラのマリアは、何を祈りつづけたのだ？

そんなことを思いながらも、深い瞑想になった。仲間たちが上がってくるまで、30分以上はあったからかもしれない。

オレは、瞑想のときは目を閉じる。だから、基本視界は暗い。外の明るさの加減により、まぶたの内側に映る光を感じる程度だ。

石造りの建物の中で、風を避けるためにも、一番暗いところを選んで座った。

瞑想中というのはじつに不思議なことが起こる。

真っ暗なのに、まばゆい光に包まれたり、人や龍の姿が見えたり、幾何学模様や見たことのない文字が見えたりもする。

そして、この山頂の教会での瞑想でも、光が見えた。

その光は「緑色」だった。けっして派手な色でもないし、この体験自体も派手な体験ではない。とても繊細で、精妙で、か細い光のメッセージ。

緑色といっても、透明感のあるエメラルドグリーンの光だった。

オレはなぜかわからないが、そのときとっさに「地球の色」だと思った。

このエメラルドグリーンが、地球の大地の色なのだと感じた。

後から知ったのだが、地球の内部、マントルの表面側は、主な成分が「かんらん石」という緑色の石だそうだ。もちろん、内部では高熱で溶けているので、熱と光を放つが、本来は美しいエメラルドグリーン。

どうしてマグダラのマリアの聖地で、地球の色を感じたのかはわからない。

ただ、我々はいま、**地球と繋がり、地球という大地への意識が必要なのだ**と、そんなふうに感じた。

本当のことなどわからない。ただ、オレの直感は、そう感じたのだ。

マグダラのマリアは「大地と共に生きろ」と、オレに言った気がした。

Episode

97 黒のマリア

神社仏閣はよく行くが、教会に行くようになったのは、南フランスへ行ってからだった。

いろんな教会に行ったが、印象深い教会として、サント＝マリー＝ド＝ラ＝メールという、海沿いの街の教会がある。

そこは「黒のマリア」と呼ばれる「聖サラ」を祀《まつ》る教会が有名だった。

イエス復活の後も、イエスの仲間たちへの迫害は続き、エジプトから命からがら地中海を渡り、たどり着いたのがこの土地。

「黒」と呼ばれるのは、サラが黒人のエジプト人だったからだといわれている。一方、サラはマリアの娘という説もあるが、どちらにしろ、現在はくわしいことはわかっていない。

この教会のイエスの像に触れたとき、一瞬だが古い記憶が見えた。

自分の過去生だとはいわない。誰かの記憶。

丘の上に建てられた十字架を下ろすところだった。丘の上には半日以上放置されていた他の遺体もあり、血の臭いがあふれていた。

その十字架にかけられていた遺体が、イエスその人だったのかはわからない。

そんなビジョンだった。

その教会全体が、オレにはとても「重く」感じられた。

日本の神社のような、自然と一体化した心地よさはなく、祈りによって、深い悲しみを覆っているような、しかしそれでも覆いきれない、強い悲しみを感じた。

旅の途中だったので、気分は常に明るかったが、その教会を訪れてから、ずっと背中が重たい感じがした。**何かを背負った、もしくは、連れてきたのだろう**と思った。

ちなみに、こういうときはいちいち驚きもしない。

きっと理由があって、オレの後ろについてきたのだろう。そして、それがいわゆる「低級霊」と呼ばれるような存在ではないということも感じていた。

日本に戻って数日後、とある霊能力者に会う機会があった。フランスの話はしていないのだが、「あなたの背中越しに、黒いマントを羽織った、十字架を持った女性がいますが心当たりありますか？　すごく、古い時代の方に思われますが……」と、突然言われた。

「ああ、思い切り心当たりが……ありますね」

たぶん、あの教会からずっとついてきた存在だろう。黒いマントで、顔は見えないと、その霊能者は言っていたが、いったい何の目的でオレについてきたのかもわからないし、いまはその存在を感じられない。

ときどき、どこかに行くと、そういう不思議な存在がついてくるのだ。

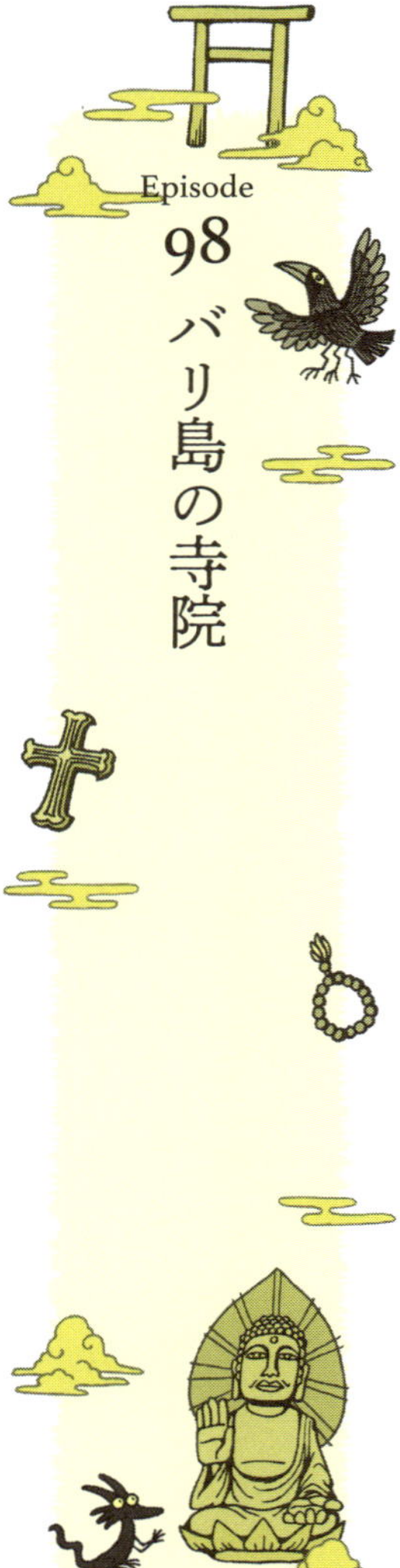

Episode 98 バリ島の寺院

インドネシアはバリ島の「アグン山」の中腹にある「ブサキ寺院」。バリ島はヒンドゥー教徒が多い島だが、ここは一番の聖地だ。

この寺院はひとつのお寺ではなく、じつはたくさんの寺院からなっていて、多くの人が祈りに来ている。

オレが行ったのは「満月」のときだった。

なにやらその日は一年の中でも、もっとも重要な満月の日らしく、島の人たちであふれ返っていた。由緒ある寺院なので、かなり遠方から一族ぐるみでやってくるのだ。

山の中腹にあるので、かなり歩く。駐車場からも歩くし、寺院内も坂道や階段をたくさん上る。多くの観光客もいたが、一番上まで行く人は少ない。

ブサキ寺院のてっぺんに位置するのが「グラップ寺院」。

「PURA GELAP」と書く。「PURA」は寺院という意味で、「GELAP」はバリの言葉で「暗い」という意味だと、現地人で日本語を話せるガイドさんにそう教えてもらった。

バリに訪れたことのある人ならご存じかと思うが、基本的に外国人は寺院の中には入れない。

地元のヒンドゥー教の人たちだけが中に入り、祈りを捧《ささ》げ、聖者たちから洗礼のような儀式を受けることができる。オレは、ガイドさんから渡された「正装」をしていたが、当然中には入れない。

ブサキ寺院全体としては、まるでお祭りのように人であふれていたが、一番上のグラップ寺院にはさすがに人はほとんどおらず、オレは本殿へ向かう階段の下の石畳の上に座り、瞑想をしていた。ガイドさんがそういうことにも理解ある人だったので、オレは行く先々で瞑想をしていた。

5分くらいだろうか。気持ちよい瞑想から覚めた。

たくさんの人の声がした。欧米人のグループが10人ほどやってきて、賑やかに写真を撮っている。

ふと、寺院の入り口を見ると、ガイドさんがいかにもお寺の偉いお坊さん……のような老人と話していて、オレの方をチラチラと見ている。ガイドさんは、恭しく頭を下げ、少し緊張した様子だった。

老人が去った後、ガイドさんがこちらにやってきた。

「ケンスケさん……。中へ、入ってください」

「え？　だって、あそこは入れないんじゃ……？」

なんでもガイドさんが話していた老人は、この寺院の「聖者」で、通りがかりにオレが瞑想している姿を見て、「彼は何者だ?」と、ガイドさんに尋ねた。

「日本から来た観光客です」と伝えたら、「**よいメディテーションだ。寺院の中で瞑想させなさい**」と言ったそうな。

ガイドさんは、「いえ、お供え物や、何の用意もありませんし」(実際、儀式にはお花や線香などが必要だ)と伝えたのだが、「かまわない。言えば用意してくれるだろう。私がそう言ったと伝えなさい」とのことだった。

「私も長いことこの仕事をしていますが、こんなことは初めてです。あなたはすごい強運の持ち主です」

ガイドの男性が一番驚いていた。

というわけで、オレは運よく中に入り、先ほどの老人とは違う僧侶方がオレに儀式をしてくれた。寺院の門の中は、外よりさらに静けさと穏やかさに満ちていた。

儀式中もじっくり瞑想状態に入れて、とてもくつろげた。

そして、その寺院の中の空気感だろうか、「守られている」という気がしてならなかった。何に守られているのかはわからない。ただ、自分は、大きな存在に守られている。そう、思ったのだ。

Episode
99 エジプトのアヌビス神

エジプトに行ったときのこと。オレは旅先で瞑想をするのが大好きで、場合によっては、地元の「神」と呼ばれるエネルギー体とアクセスできたり、なんらかのメッセージを受け取れたりする。

エジプトの歴史は深い。一般的に語られているファラオがどうこうの歴史よりも、もっともっと古い。神秘学の宝庫だ。

深い深い瞑想をして、オレは自分の深い意識状態を通して、こう問いかけた。

「一番位の高い神よ、答えたまえ」

すぐに反応はあった。意識の中で姿が見えた。

犬の顔をした人間。黒い顔の犬。いわゆる「アヌビス神」と呼ばれる存在だ。アヌビスが、一番位が高いかどうかというよりも、いまのオレに召喚できるもっとも周波数の高い神なのだろう。

アヌビスはミイラを作り、死を司《つかさど》る神だ。

オレは、夢で見る世界のような、不思議な場所へ誘われた。

最初に言っておくが、この手のビジョンは「夢」にかなり似ている。だから、この話を信じられない人には、ただの「夢か妄想」としか思えないだろう。それを承知で書き進める。

実際に、エジプトで彼の姿を見たときは、何か具体的なコミュニケーションを交わしたという感覚はなかった。オレが覚えていないだけかもしれないが……。

日本に帰って10日ほど過ぎた頃だろうか？

深い瞑想から、オレは夢うつつの状態になり、不思議な場所へ。地下にある宮殿、ということはわかった。石造りの地下の広間。

オレは誰か手を引かれ、階段を上っていた。その手は細くしなやかだったが、男性の手だと思った。

手を引かれなくても、階段を歩くことはできる。しかし、手を引かれて歩く、ということ自体が、すでになんらかの儀式なのだと理解できた。

そのあたりで、オレは手を引いている男の顔を見る。

「アヌビス？」

オレの手を引いていた男の顔は、黒い犬だった。

無言だった。階段は金色に輝いていた。いや、地下の広間の宮殿自体が、金色だった。オレは無言のアヌビスに手を引かれ、オレもまた無言で、階段を上がる。

ちなみにこれは後から思い出したことだが、照明の類《たぐい》はいっさいなかったと思う。火や電灯の類、地下なのでもちろん日光もない。完全に閉ざされた空間だったのだ。いったい、どうやって視覚化していたのだろうか？

階段を上りきると、広間の全貌が見えた。いまいるステージ上の場所へは、もうひとつ階段があった。オレはステージに向かって左側から上ったのだと理解した。

「さて」

おもむろに、アヌビスがそう言うと、彼は自分の首に手をかけた。

犬の顔に見えていたのは、精巧に作られた面のようなもので、彼は犬の顔をぐいっと持ち上げて剥がした。そこに、彼の素顔が現れる。

「……」

オレは驚きのあまり、声が出ない。

なぜなら、それはオレ自身だったからだ。

いや、オレの顔をした別の人間？　髪の毛はスキンヘッドで、首から後頭部にかけて蛇のタトゥーが入っていて、肌は褐色だった。そして、瞳の輝きが、驚くほど澄みきっていた。

「そう。私は、おまえ自身でもある」

彼がそう言ったのを最後に、驚いてオレの意識がぶれたのか、深い瞑想状態から醒《さ》めてしまった。ビジョンは終わった。

エジプトには、何かしら「縁」があるのだろうと思っていたが、どうやらまだまだ、深い関わりがあるような気がする。

Episode

100 靴の中のドングリ

ある日、朝出かけるときに靴を履こうとしたら、中にドングリが2、3粒入っていた。季節は冬。玄関は締めきっていた。

「何だろう？」

まったく理由がわからない。

確かに田舎に暮らしているとはいえ、靴の中にドングリ？

それが2か月くらいの間に頻繁に起こった。靴に足を突っ込むと、石ころでも入っているかのような感触。靴をひっくり返すと、コロンと、2、3粒のドングリ。急いでいるときなど、ちょっと迷惑な話だし、勢いよく足を入れた場合、けっこう痛い。

そんなことが、覚えているだけで7、8回はあった。

しかし、家族の靴にドングリが入っていたことは一度もなかった。玄関のどこかに落ちていることなどもない。

いつもオレの靴にだけ、ドングリが入っていたのだ。

もしもこの犯人がネズミやリスなどの小動物なら、オレの靴にだけ入れるのもおかしな話だ。

そんなときに、たまたまどこかでこんな話を知った。

「ドングリが頭にぶつかったり、思いがけず転がり込んできたりするようなことがあれば、それは幸運の印。ドングリは種で、その多くが大木に育ちます。つまり、あなたはまだ種ですが、**これから大きく育つという予兆**です」

これを知ったときに、ずしんとお腹《なか》に響いた気がした。

そうだ、自分はまだまだこれから発展するんだ！　と、勇気づけられた。

ちょうど、自分の方向性や、自分の仕事にいろいろと疑問を抱いていたり、収入的にもやや落ち込んでいたりしたときだった。

その後、ドングリが靴に入っていることは一度もない。

森の主なのか、ネズミなのかリスなのか、神のような存在か……どちらにしろ、オレに必要なメッセージを送ってくれたのだと思っている。

すべて読みおわったあなたへ。
すでに、あなたの「未知なる可能性」はひらきはじめています。
しばらく目を閉じ、自分の内側を見つめてみよう。

何が見えますか？　何が聞こえますか？　何を感じますか？

おわりに
あなたの答えはあなただけのもの

目には見えない、手で触れることはできない。

でも、そこに何か「ある」と感じる……。

誰かと話していて、なんとなく「元気ないんだな」「悲しいことでもあったのかな」「うれしそうだな」など、その人の言葉や表情の奥にある感情に気づくことがある……。それは特別なことではなく、特異な能力でもなく、**人間なら本来当たり前にもっている感性だ。**

本書で語られていることのほとんどは、そんな誰しもがもつ感受性の延長線上にあるもの。しかし、現代人は「思考」を使うことが何よりも優先され、効率や成果が重視される社会構造もあり、本来もつ「感覚的な力」を閉ざして生きている人がほとんどだ。

しかし、昨今はスピリチュアルブームといわれるくらい、精神世界への興味は全体的に高まり、より感覚的、直感的に人生を構築することに、視点を向けはじめている人が増えている。

そんな時代に呼応するかのように、じつに多種多様なスピリチュアル・ティーチャーがいて、精神的なリーダーとして活躍し、また、それらに付随する教材も多くあり、そこでたくさんの人が学んだり、知識を取り入れたりしている。

先駆者から教えてもらうことは確かに近道になるだろう。

しかしオレの思う「霊性（スピリチュアリティ）」の本質はそこにはない。**真理や、真の自己成長は、自身の外側から来るものではなく、内面からやってくるものなのだ。**

この本にたくさんちりばめられたストーリーには、何の「正解」も「アドバイス」もない。ただ、オレ自身に起きたこと、感じたことを、ありのままに書き綴《つづ》っただけだ。

スピリチュアル書籍として**何かメソッドや、悩み解決の方法論、願望実現のための手法も記されてはいない。**

もちろんオレのもつ何かしらの「答え」を伝えるのは簡単だが、オレの答えが、あなたの答えではないのだ。

あなたの答えは、あなただけのものだ。

多くのスピリチュアルが目指す「ワンネス」という全体性は、まずは個々が内面と繋《つな》がることにより、発展していく。

元号が令和になり、経済成長から、文化的成熟期にある日本。ますます物質面よりも、精神面にウェイトを置くことで、豊かさや幸福と繋がることになるだろう。

そのためにも、**誰かが提示した「正解」ではなく、それぞれが自身の感覚を信じることで、内なる「気づき」を起こし、人生にイノベーションを起こす必要があるだろう。**

本書に収められた短い不思議な物語を、たくさん「浴びるように読む」ことで、何かを感じてくれただろうか？

そこで得られた感性を、どうか自身の中で感じ取り、育んでほしい。

それにより、**あなたのもつ本来の能力、インスピレーションが自然と開花し、人生の可能性が広がるだろう。**


最後に、こんな不思議な世界観で生きるオレを理解し、支えてくれる家族と、このような、いわば実験的な書籍を作ることに、白羽の矢を立ててくれた、サンマーク出版の金子編集長、ありがとう。

そして、本書を通じて、意識の深い部分で繋がりをもつことができたあなたに、感謝の気持ちを贈ります。

大島ケンスケ

大島ケンスケ（おおしま・けんすけ）

世にもめずらしい実話の奇談家／ mei-sou（瞑想）アーティスト
1978 年生まれ。北海道小樽市出身。長野県諏訪郡在住。
幼少期より、見えない存在や人のエネルギーが見える第六感をもつ。そのため、数々の不思議な体験をするも、家庭環境の変化などから、神仏や精神性を否定する生活を送る。
20 代でシンガーソングライターを目指して活動後、原因不明の呼吸不全と、うつ病により人生を見直し、東洋思想、坐禅、ヒーリングなどの代替医療を知り、目に見えない力や存在を再確認する。
30 代半ばで、家族と共に八ヶ岳山麓へ移住。自然農法や、山登りなど、自然と共に生きるように。その後、兄の突然死、息子の不登校など、さまざまな出来事を通して、心理学やスピリチュアリティのことを学び、瞑想を本格的に始める。
瞑想により、さらにさまざまな神秘的な体験が起こり、それをきっかけに瞑想会やセミナー、不思議な実話を語るトークショーを全国で行う。同時に、シンガーソングライターの活動にも力を入れ、「見えない世界×音楽」の融合によって、観客の感性を揺さぶるイベントも好評を博している。

＜大島ケンスケのブログ＞
https://ameblo.jp/meisouartist/

人生をひらく不思議な100物語

2019年　11月20日　　初版印刷
2019年　11月30日　　初版発行

著　者　　大島ケンスケ
発行人　　植木宣隆
発行所　　株式会社　サンマーク出版
東京都新宿区高田馬場2-16-11
（電）03-5272-3166
印　刷　　共同印刷株式会社
製　本　　株式会社若林製本工場

ISBN978-4-7631-3814-9　C0030
ホームページ　https://www.sunmark.co.jp